Über die Autorin:
Ashley D. Bush ist Psychotherapeutin in Epping, New Hampshire. Sie ist auf Paartherapie und Trauerbegleitung spezialisiert. Bisher hat sie drei erfolgreiche Selbsthilfe-Bücher veröffentlicht. Zudem ist sie eine gefragte Rednerin und gibt Workshops zu den Themen Trauer und Verlust und persönliche Entwicklung.
www.ashleydavisbush.com

Ashley D. Bush

GELASSENHEIT TO GO

Im Handumdrehen entspannt

Aus dem Englischen
von Ingrid Ickler

Die amerikanische Originalausgabe erschien 2011 unter dem Titel
»Shortcuts to Inner Peace. 70 Simple Paths to Everyday Serenity« bei
Berkley Books, New York (USA).

Besuchen Sie uns im Internet:
www.mens-sana.de

Deutsche Erstausgabe Juli 2014
Knaur Taschenbuch
© 2011 Ashley Davis Bush

This edition published by arrangement with The Berkley Publishing Group,
a Member of Penguin Group (USA) LLC,
a Penguin Random House company.
Für die deutschsprachige Ausgabe:
© 2014 Knaur Taschenbuch
Ein Unternehmen der Droemerschen Verlagsanstalt
Th. Knaur Nachf. GmbH & Co. KG, München

Umschlaggestaltung: ZERO Werbeagentur, München
Umschlagabbildung: FinePic®, München
Satz: Adobe InDesign im Verlag
Druck und Bindung: CPI books GmbH, Leck
ISBN 978-3-426-87676-3

2   4   5   3

Für Daniel, meinen Seelenverwandten,
dessen innere Ruhe mich inspirierte.

Inhalt

Die Basics

Pforten zum Frieden

Anhang

Der tiefe Friede der rauschenden Wellen sei mit dir.
Der tiefe Friede der fließenden Luft sei um dich.
Der tiefe Friede der stillen Erde sei in dir.
Der tiefe Friede der leuchtenden Sterne sei über dir.
Der tiefe Friede der sanften Nacht umgebe dich.
Mond und Sterne mögen ihr heilendes Licht auf dich werfen.

Gälischer Segen

Prolog

Der Wecker reißt sie aus dem Schlaf. *Piep ... piep ... piep.* Noch bevor sie sich im Bett aufsetzt, beginnen Susans Gedanken bereits zu rasen: *Heute steht die wichtige Präsentation im Büro an!* Sie geht ins Bad, putzt sich die Zähne, duscht und zieht sich an, alles wie ferngesteuert. Sie ist aufgewühlt und in Gedanken verloren. Plötzlich stellt sie fest, dass sie viel zu spät dran ist, und gerät in Hektik. Dabei schüttet sie sich aus Versehen Kaffee auf ihre Khakihose.

»Verdammt!«, schreit sie. Ihre Schultern verkrampfen, und sie schmeißt die Tasse in die Spüle. »So ein Mist, ich bin vielleicht dämlich.« Sie rennt nach oben, um sich umzuziehen, und verflucht sich dabei. Die Hose ist ruiniert, eine Reinigung kann sie sich im Moment nicht leisten. *Mein Leben ist eine einzige Katastrophe,* denkt sie.

Ihr Herz rast, sie weiß schon jetzt, dass sie zu spät kommen wird. Sie springt ins Auto und fährt los, rücksichtslos drängt sie andere Autos beiseite. Überall, wo sie vorbeikommt, hinterlässt sie negative Energie. Und dann Sirenen. Polizei. Susan wird von Frustration und Wut überwältigt.

In ihrem Kopf fahren negative Gedanken Karussell: *Ich habe immer nur Pech. Ich habe diesen Strafzettel nicht verdient. Mein Chef wird stinksauer sein, weil ich zu spät komme. Wahrscheinlich verpatze ich die Präsentation, und was, wenn er mich rauswirft? Der Tag ist bereits völlig verkorkst.*

Als Susan im Büro ankommt, hat sie einen Knoten im Magen, und ihr Rücken ist völlig verspannt. Alles ist ihr zu viel. Kein Wunder, dass ihre Präsentation misslingt. Als sie am Abend das Büro verlässt, fühlt sie sich als komplette Versagerin.

Arme Susan. Sie macht den verschütteten Kaffee für die Kette der Katastrophen verantwortlich – der Auslöser für einen schwarzen Tag. Wie die meisten von uns sucht sie eine Ursache für ihre Probleme und vergisst dabei, dass sie selbst es war, nämlich das Verhalten, *wie* sie auf diese Situation reagiert hat. Nicht die Situation, sondern ihre Reaktion darauf ist für den ruinierten Tag verantwortlich.

Meist sind wir uns gar nicht bewusst, wie stark unsere Gedanken für unseren Stress verantwortlich sind. Die Zeitspanne zwischen einem Ereignis und unserer Reaktion darauf ist so kurz, dass wir den negativen Gedanken im Hintergrund gar nicht bemerken. Und wenn wir uns dessen nicht bewusst sind, dann sieht es in der Folge zwangsläufig so aus: Der Kaffee spritzt ... »Verdammt!« ... »Oh Mist!« In der Nanosekunde, die auf das Verschütten des Kaffees folgt, tauchen unmittelbar und unbewusst der negative Gedanke und das Stressgefühl (»Verdammt!«) auf. Wenn wir uns über unsere »Hintergrundgedanken« bewusst sind, dann gibt es einen Moment nach dem Stressimpuls, in dem wir uns entscheiden können. Entweder wir folgen dem gewohnten Mechanismus, fluchen und regen uns auf, oder wir beobachten uns, analysieren die Situation und gehen einen ganz anderen Weg.

Aber wie kann uns das gelingen? Können wir lernen, unsere gewohnten Pfade zu verlassen und bewusster zu handeln? Können wir überhaupt neue Reaktionen auf Stresssituationen entwickeln, neue Denkmuster, die nicht nur unser Leiden verringern, sondern auch zu mehr innerem Frieden führen?

Aber ja! Indem man die hier enthaltenen Übungen praktiziert! Sie führen zu mehr Wohlbefinden, optimieren die eingefahrenen Verhaltensmuster und helfen dabei, das Leben friedlicher zu gestalten. Diese einfachen und unmittelbar wirksamen Übungen erlauben uns Gelassenheit, Ruhe und Klarheit zu erfahren sowie Akzeptanz, Dankbarkeit und Liebe zu geben und anzunehmen. Sie helfen uns, innezuhalten, neue Gewohnheiten zu entwickeln, die vom Stress wegführen und uns in die Lage versetzen, das Leben zu genießen. Und mehr noch: Wenn wir uns in einer stressbedingten Abwärtsspirale befinden (und das passiert irgendwann jedem von uns), können wir die beschriebenen Übungen dazu verwenden, unser Verhalten zu verändern und eine friedliche Antwort zu finden.

Stellen wir uns vor, Susan hätte einige Monate vor ihrer wichtigen Präsentation die Übungen aus diesem Buch in ihren Alltag integriert und regelmäßig geübt. Wie wäre der Tag dann abgelaufen? Wie hätte sie auf die jeweilige Situation reagieren können?

Der Wecker reißt sie aus dem Schlaf. *Piep ... piep ... piep.* Noch bevor sich Susan im Bett aufsetzt, setzt sie sich eine friedliche Intention für den Tag (»Die tägliche Dosis«). Sie geht ins Bad, putzt sich die Zähne und öffnet sich neugierig für das, was sie hier und heute erwartet (»Die Herrlichkeit des Morgens«). Beim Duschen spült sie ihre Ängste in den Abfluss (»Einfangen und loslassen«). Dann zieht sie sich an. Plötzlich stellt sie fest, dass sie zu spät dran ist, und gerät in Hektik. Dabei schüttet sie sich aus Versehen Kaffee auf ihre Khakihose.

Sie schnappt nach Luft ... (»Verdammt!«) ... schüttelt den Kopf und wird sich in diesem Augenblick bewusst, dass sie am Scheideweg steht. Sie atmet langsam tief in ihr Körperzentrum ein, sammelt sich und leitet ihre Gedanken um (»In die Tiefe atmen«). Während Susan sich umzieht, lächelt sie und lenkt ihre Gedanken auf Situationen in ihrem Leben, für die sie dankbar ist (»Finde die Freude«).

Auf dem Weg zur Arbeit öffnet sie sich für andere Dinge (»Anhalten, nachdenken, Glück wünschen«). Kurz vor der Präsentation entspannt sie sich, indem sie etwas visualisiert, was ihr dabei hilft, ihre Energie zu leiten (»Nimm mich mit«). Den ganzen Tag ist Susan selbstbewusst und ruhig.

Unmöglich? Nichts ist unmöglich! Übungen, die während unseres Tagesablaufs ausgelöst (Impuls) werden, helfen uns, einen Zugang zu dem inneren Frieden zu finden, der schon längst in uns ist. Wenn wir in Stress geraten, können diese Werkzeuge uns helfen, den Teufelskreis negativer Gedanken zu unterbrechen und uns wieder auf die richtige Spur zu bringen. Wenn wir bewusst auf Stress reagieren und gegensteuern, verändern sich mit der Zeit die Verknüpfungen in unserem Gehirn. Die alten Neuronen verbinden sich mit neuen und führen so zu einer friedvolleren Einstellung.

Welche Reaktion auf verschütteten Kaffee wäre Ihnen lieber?

Stressalarm

Mit 44 habe ich mich von meinem ersten Ehemann getrennt. Wir hatten uns über die Jahre auseinandergelebt, und nach monatelangen, wenn nicht sogar jahrelangen Gesprächen, Tränen und intensiver Gewissensprüfung kam ich schließlich zu dem Punkt, an dem das Festhalten an der Ehe schmerzlicher gewesen wäre als das Loslassen.

In dem Jahr, in dem wir unsere Scheidung regelten (was glücklicherweise in einer freundschaftlichen Art und Weise geschah), entschieden wir auch, dass unsere drei Kinder im »Familienhaus« bleiben sollten, während wir pendeln würden. Im Scheidungsrecht ist dieses Modell als »Nestlösung« bekannt. Ich wohnte alternativ im Haus und in einem kleinen Appartement in der Nähe, und mein Ex-Mann hatte neben dem Haus eine Wohnung an der Westküste, die er sich mit anderen teilte.

Ich befand mich in einem Übergangszustand, voller Ängste und Trauer, aber auch in dem Bewusstsein, zu neuen Ufern aufbrechen zu können. Wenn ich auf dieses Jahr zurückblicke, erinnere ich mich vor allem an den Stress: die Trauer über das Scheitern einer Ehe, der Schmerz der Kinder, die Zweifel der Familie und Freunde, die schwierige finanzielle Lage. Viele Nächte lang habe ich weinend in meinem Appartement verbracht, nicht wissend, wie ich den nächsten Tag überstehen sollte. Es war ein schwieriges Kapitel in meinem Leben, eine Zwischenphase, etwas, was ich vorher noch nie erlebt hatte.

Um den Stress in meinem Leben zu reduzieren, suchte ich nach neuen Betätigungen. Ich begann regelmäßig Yoga zu praktizieren und lernte in einem nahe gelegenen Buddhistischen Zentrum Meditationstechniken. Beides waren interessante Erfahrungen, sehr hilfreich, aber auch zeitaufwendig. Im Laufe der folgenden Monate ging ich immer seltener zum Yoga, weil ich »zu beschäftigt« war. Jede an und für sich vorteilhafte Aktivität schien den Berg von Aussagen wie »Ich sollte, ich müsste … aber ich habe keine Zeit« in meinem Leben zu erhöhen. Die vielen guten Vorsätze, gefasst am Neujahrstag und bis spätestens zum Valentinstag wieder vergessen, wurden zahlreicher.

Spulen wir jetzt ein paar Jahre vor. Ich lebe mit meinem neuen Ehemann in einer Patchworkfamilie mit fünf Kindern (davon vier Teenager) und fünf Haustieren. Durch das gemeinsame Sorgerecht, das beiden Elternteilen der vorangegangenen Familien zugesprochen wurde, gleicht unser Haus einem Hotel, in dem alle paar Tage die Bewohner wechseln. Wie war das noch mal mit dem Stress?

Selbst wenn man die emotionalen Umbrüche ausklammert, sorgt das ständige Hin und Her dafür, dass eine überaus ordnungsliebende – ich muss zugeben, fast schon pedantische – Hausfrau an den Rande des Wahnsinns gerät. Die gleichzeitige Anwesenheit von zwei, drei, vier oder allen fünf Kindern im Haus brachte mich anfangs an den Rand der Verzweiflung. Es gab von allem zu viel: Durcheinander, Lärm, Musik, Wünsche, Bedürfnisse, Spannungen, Einkäufe, Wäsche, Hausaufgaben. Die äußeren Reize überfluteten mich.

Ich wusste, dass Yoga und Meditation hilfreich gewesen wären, aber mir fehlte die Zeit. Zwischen Beruf, Haushalt, Ehemann, Kindern und Haustieren war ich froh, wenigstens Zeit zum Essen und zum Schlafen zu finden.

Stressgeplagt

Machen wir uns nichts vor, manchmal ist das Leben unbarmherzig. Viele von uns fühlen sich wie ein Hamster in seinem Rad bei dem Versuch, Beruf, Beziehungen, Haushalt, Gesundheit und Freizeit (das kommt meist zuletzt) unter einen Hut zu bringen. Und gerade wenn man endlich mit einer Sache zufrieden ist, gerät eine andere aus dem Gleichgewicht. Es ist eine unendliche Geschichte. Der Müll ist geleert, und schon sind die Säcke wieder voll; die Rechnungen sind bezahlt, und schon kommen die nächsten; die E-Mails sind beantwortet, und ein Dutzend neue warten bereits im Posteingang.

Es gibt *immer* etwas zu tun. Etwas, das wiederkommt, das bezahlt werden muss, das sauber gemacht, repariert, umgebaut oder aufgeräumt werden muss. Und in diesem endlosen Rad des Lebens gibt es auch immer etwas zu korrigieren und zu verbessern. Alles ist ständig im Fluss, so dass wir trotz aller Bemühungen und aller Sorgsamkeit vom Leben eine Aufgabe nach der anderen präsentiert bekommen. Und auf den alltäglichen Stress kommt schließlich auch der Stress durch existenzielle Krisen wie Tod, Scheidung, Arbeitslosigkeit, Umzug, schwere Krankheit, Konkurs, Zwangsvollstreckung, Krieg. Manchmal kommt es mir so vor, als wäre das Leben wie eine Bergwanderung und es ginge immer nur bergauf.

Im 21. Jahrhundert gibt es nicht nur Fast Food in »Supersize«-Portionen, wir machen uns auch Supersize-Stress. Und es sind beileibe nicht nur externe Einflüsse, die dazu beitragen. Es gibt eine ganze Reihe von inneren Stressfaktoren, die in unserer Psyche verheerende Schäden anrichten: Ängste, Beklemmungen, Depressionen, Minderwertigkeitskomplexe, Perfektionismus, Bindungsblockaden, überhöhter Erwartungsdruck,

Zwänge, Selbstverachtung, Verbitterung, Geheimnisse, Lügen, Verurteilungen und viele, viele andere. Allein wenn ich die Liste all dieser Stressoren erstelle, steigt mein Blutdruck.

Apropos hoher Blutdruck: Stress strapaziert in hohem Maße unseren Körper. In einem permanenten »Fight or flight«-Zustand (Kampf oder Flucht) zu leben schüttet Stresshormone im Körper aus, hauptsächlich Adrenalin und Cortisol. Das kann ein Grund dafür sein, dass wir bei stressbedingten Erkrankungen wie Bluthochdruck, Panikattacken, Magengeschwüren, Magenschleimhautentzündungen, Immunkrankheiten, Herzrasen und chronischer Müdigkeit, um nur ein paar zu nennen, oft in Arztpraxen landen. Nach einer kürzlich durchgeführten Studie der American Psychological Association berichteten 75 % aller Befragten von erhöhten bis hohen Stressbelastungen im vorangegangenen Monat (das bedeutet für die USA rund 230 Millionen gestresster Menschen!). Mehr als die Hälfte antwortete außerdem, dass der Stress im Verlauf des vergangenen Jahres gestiegen sei.

Was ist Stress?
Stress ist unsere Reaktion auf Stimuli, sowohl auf reale als auch nur subjektiv empfundene. Diese unmittelbare Resonanz geht mit erhöhter Herzfrequenz, Übererregung und motorischer Unruhe einher. Wenn der Stresslevel extrem hoch ist und chronisch wird, beginnt unser Körper zu streiken, Überbelastung, Beklemmungen und Druck sind die Folgen – Gefühle, die wir alle nur zu gut kennen. Interessanterweise sind diese psychischen und physischen Reaktionen nicht nur mit Krisenzeiten in unserem Leben verbunden. Stress tritt auch bei positiven Ereignissen auf, zum Beispiel bei einer Heirat, der Geburt eines Kindes, einem neuen Job oder der ersehnten Pensionie-

rung. Es ist erstaunlich, wie häufig Stress auch von schönen Momenten des Lebens ausgelöst wird.

Extremer Stress führt zu einer schädlichen »Alarm!«-Reaktion, die unseren Körper zermürben kann. Erschwerend kommt hinzu, dass die meisten »Bewältigungsstrategien« zusätzlichen Stress erzeugen. Hemmungsloser Alkoholgenuss, Fressanfälle, Spielsucht, rauschhaftes Shoppen oder exzessiver Medienkonsum können belastender sein als die ursprünglichen Stressfaktoren. Obwohl diese »Lösungen« im ersten Moment als Erleichterung empfunden werden können, führen sie auf lange Sicht zu Betäubung und Abhängigkeit.

Paradoxerweise füttern wir unseren Stress, indem wir die Umstände für unseren Zustand verantwortlich machen und dabei übersehen, wie wir selbst dazu beitragen. Wir sind in der Tat meist völlig ahnungslos, in welchem Ausmaß unsere *Reaktion* die Stresssituation noch verschärft. Überlegen Sie doch einmal, wie unterschiedlich verschiedene Menschen auf die gleiche Situation reagieren. Nehmen wir an, Sie müssen ein Abendessen für zwölf Personen organisieren. Für die einen ist das ein Vergnügen und eine kreative Herausforderung, andere wiederum sind gestresst und genervt. Das Leben in der Großstadt kann für den einen ein schöner Traum sein, für den anderen jedoch ein wahrer Alptraum.

Natürlich kann der eine mehr Stress aushalten als der andere, aber es ist unser Verstand, der die Macht hat zu entscheiden, wie wir auf potenzielle Reize reagieren. Stellen wir uns vor, wir stehen im Stau und kommen deshalb zu spät zu einem Geschäftstermin. Es gibt Menschen, deren Herz zu rasen beginnt und die in Panik geraten. Andere bleiben so gelassen wie der Dalai Lama und ergeben sich ihrem Schicksal: Sie sind da, wann sie eben da sind. Das auslösende Geschehen ist irrelevant. Es ist unsere Reaktion, die Stress erzeugt oder eben nicht.

Wir alle haben unsere inneren und äußeren Stressoren. Wenn ich Seminare über Stressmanagement halte, lasse ich die Teilnehmer immer einige Minuten über ihre persönlichen Stressquellen nachdenken, sowohl über konkrete Anlässe als auch über selbst verursachte Reizfaktoren. Überlegen Sie doch einmal, wie es bei Ihnen ist!

Wie viel Zeit und Energie wird wohl von Ihren Reaktionen auf Stress aufgesaugt? Wie viele Stunden, Tage, Wochen und Jahre verschwenden Sie damit, sich unnütz aufzuregen? Die meisten von uns machen sich mit diesen reflexartigen Reaktionen regelrecht krank. Als würden wir an der Oberfläche des Lebens entlangschwimmen, gefangen von einem schweren Meer der Umstände. Da hilft es wenig, zu wissen, dass wir, wenn wir uns einfach ins Wasser sinken lassen würden, Ruhe, Gelassenheit und tiefen Frieden finden würden, obwohl die Wellen hochgehen. Statt uns zu erlauben, in die glückbringende Tiefe zu sinken, vergeuden wir unsere Energie dazu, mit den Armen zu rudern, um an der Oberfläche zu bleiben. Das ist unser Problem.

Stressmanagement

Eine beliebte Herangehensweise, wenn es um Stressmanagement geht, ist es, die Wogen zu glätten. Programme zur Stressreduktion zeigen konkrete Wege auf, um den »äußeren Frieden« wiederherzustellen, indem man die Lebensumstände verändert. Zum Beispiel durch effektiveres Zeitmanagement, eine Urlaubsreise, Bündelung der Ressourcen oder mehr Kontrolle. Oder es werden spezifische Lösungsansätze angeboten, damit der Körper besser mit Stress umgehen kann, wie zum Beispiel Entspannungstechniken, Sport oder Ernährungsumstellung. Obwohl diese Veränderungen der Lebensweise durchaus hilfreich sein können, führen sie alleine nicht zu einem dauerhaften Gefühl des inneren Friedens.

Das gilt in zweierlei Hinsicht. Zum einen führt äußerer Frieden nicht *zwangsläufig* zu innerem Frieden. Man kann an einem traumhaften Strand in den Tropen liegen und trotzdem durch To-do-Listen, Ängste und Verbitterung blockiert sein. Oder Sie liegen auf einer Massagebank und belasten sich mit der Frage, wie viele E-Mails Sie wohl in der letzten Stunde bekommen haben. Und wer schon Erfahrungen mit traditioneller Meditation gemacht hat, weiß genau, dass man trotz tiefer Stille einen hyperaktiven Geist haben kann.

Zum anderen ist der äußere Frieden nicht dauerhaft. Natürlich kann man im wohlig warmen Schaumbad gut entspannen, aber diese Entspannung bleibt vorübergehend. Wer äußeren Frieden braucht, um dauerhaften inneren Frieden zu erreichen, der wird schlussendlich scheitern.

Sie können mir glauben, diese Erfahrung habe ich selbst gemacht. Ich habe versucht, mir die perfekte Wohlfühloase zu schaffen (wenn alle fünf Kinder aus dem Haus waren). Es funktioniert eine Weile recht gut. Ich bin die weibliche Inkarnation von Buddha, während ich durch mein menschenleeres friedvolles Haus streife und die aufgeräumten Zimmer betrachte – so lange, bis die Invasionstruppen zurückkehren. Dann verwandele ich mich binnen 60 Sekunden vom Buddha in einen Berserker.

Grundsätzlich müssen wir uns den Unterschied zwischen den Stressoren, die wir ändern können, und denen, die wir nicht ändern können, deutlich machen. Das bekannte Gelassenheitsgebet von Reinhold Niebuhr sagt genau das aus:

»Gott gebe mir die Gelassenheit, Dinge hinzunehmen, die ich nicht ändern kann, den Mut, Dinge zu ändern, die ich

ändern kann, und die Weisheit, das eine vom anderen zu unterscheiden.«

Wenn wir ein aufreibendes Leben führen, das so nicht mehr haltbar ist, und man Dinge verändern kann, dann sollte man das tun (zum Beispiel den Job wechseln, in eine ruhigere Gegend ziehen oder den Partner, der uns schlecht behandelt, verlassen). Doch viel häufiger taucht Stress in einem Kontext auf, den wir nicht verändern können (unser Kind ist chronisch krank, wir werden entlassen, der Flug verspätet sich eine weitere Stunde, wir haben das Haus voller Kinder).

Wenn wir davon überzeugt sind, dass unser innerer Frieden von den gegebenen äußeren Umständen abhängt, dann muss das Glück so lange zurückgestellt werden, bis sich die Wogen geglättet haben. Bis wir in die Ferien fahren, die Kinder erwachsen sind, es beruflich vorangeht oder wir in Pension gehen. Wir leben mit der Vorstellung, dass der Frieden *irgendwo da draußen ist.* Und wir glauben, dass wir, warum auch immer, nicht dorthin kommen können oder, wenn wir es doch schaffen, uns der Frieden so schnell wieder durch die Finger gleiten wird, wie er gekommen ist.

Wahrer Frieden hat mit unserem Inneren zu tun (sonst hieße er ja auch nicht *innerer* Frieden). Dort gilt es anzusetzen. Der berühmte amerikanische Transzendentalist Ralph Waldo Emerson greift die Worte Jesu wieder auf:

»Was hinter uns und vor uns liegt, ist beides nichts, verglichen mit dem, was in uns steckt.«

Jesus sagt: »Sehet, das Reich Gottes ist inwendig in euch.« Was bedeutet das für uns? Nicht mehr und nicht weniger, als dass die Kraft des inneren Friedens auch in jedem noch so chaotischen Moment steckt.

Der innere Frieden

Wenn wir an dem Ort sind, an dem wir für uns Frieden finden, dann leben wir im Hier und Jetzt. Wir haben keine Ängste vor der Zukunft oder sind auch nicht durch die Vergangenheit blockiert. Wir erfahren eine tiefe Hingabe oder zumindest die Akzeptanz dessen, »was ist«. In anderen Worten: Es gibt keinen Widerstand, keine Kontrolle, keine zu bekämpfende Realität. Es gibt nur ein entspanntes und entschiedenes »Ja« zum Leben.

Haben Sie jemals eine solche Erfahrung gemacht? Versuchen Sie sich an einen Moment zu erinnern, in dem Sie völlig entspannt waren und sich rundum wohl gefühlt haben. Ob es erst kürzlich war oder schon länger zurückliegt, spielt keine Rolle. An welchem Ort waren Sie? War es Tag oder Nacht? Wie war das Wetter? Waren Sie allein oder in Gesellschaft? Erinnern Sie sich an bestimmte Geräusche, Düfte oder Berührungen? Waren Sie draußen, am Wasser oder im Wald? Konnten Sie Musik oder nur die Geräusche der Natur hören? Waren Sie noch ein Kind?

Schließen Sie einen Moment die Augen und stellen Sie sich die Situation in allen Details vor, so dass die Erinnerung sich in Ihr Gedächtnis brennen kann.

In der Erinnerung spüren Sie vielleicht auch, dass Sie in diesem friedvollen Moment mit Ihrem Leben im Einklang waren. Vielleicht spüren Sie aber auch, wie sich Ihr Körper bei der Rückbesinnung entspannt, Ihr Geist klarer und Ihr Herz weiter wird und sich Ihre Sinne schärfen.

Ich nenne diese Erinnerung den »Ort des Friedens«, eine Visualisierung der in uns schlummernden Gelassenheit. Das Aufblitzen eines Glücksmoments, der unter den Alltagsproblemen verborgen liegt. Vielleicht haben Sie angenommen, dass Sie diesen Ort des Friedens nur deshalb erfahren konnten, weil die

Rahmenbedingungen stimmten: der grandiose Sonnenunter-gang, die sanften Wellen des Ozeans oder die tiefe Stille. Diese Begleitumstände haben aber nur dazu beigetragen, dass Sie zu sich selbst zurückgefunden haben. Zweifellos ist die passende Umgebung hilfreich, wenn sich Ihr Geist Klarheit und Ihr Kör-per Entspannung wünscht, aber der wirkliche Anker für den inneren Frieden liegt in Ihnen selbst.

Tatsächlich verändern wir durch die bewusste Visualisierung eines Gefühls der tiefen Ruhe die Chemie in unserem Körper, indem wir unseren Parasympathikus aktivieren, der wiederum für mehr Ruhe und Gelassenheit im Körper sorgt. Wenn wir also möglichst oft zu unserem Ort des Friedens zurückkehren, verankert sich das Gefühl »Frieden« in unserem Gehirn und wird jederzeit abrufbar.

Zum Glück können wir diesen Ort jederzeit und überall errei-chen, auf dem überfüllten Bahnsteig der U-Bahn, im Warte-zimmer des Arztes, in der Kassenschlange im Supermarkt (»Nimm mich mit« ist eine geeignete Übung, um zum Ort des Friedens zu gelangen). Wir haben es selbst in der Hand, uns auch mitten in einem Orkan ruhig und in unserer Mitte zu fühlen.

Eines meiner Lieblingszitate zu diesem Thema ist:

> *»Frieden – das bedeutet nicht, an einem Platz zu sein, wo kein Lärm, keine Sorgen oder keine harte Arbeit sind. Es bedeutet, inmitten all dessen zu stehen und trotzdem sanft und still im Herzen zu sein.«*　　　　　*(Anonym)*

Wir sprechen hier von einem Paradigmenwechsel: Weg von unserem Vorurteil, dass äußerer Frieden zwingende Vorausset-zung für inneren Frieden ist. Ich selbst musste diese Botschaft erst verinnerlichen und umsetzen lernen, denn meine eingefahrenen Stressreaktionen waren wie ein Stoppschild, das mich davon abhielt, die Freuden des Lebens mit meinen eigenen und meinen Stiefkindern genießen zu können. Ich wusste, dass es an niemand anderem lag als an mir selbst, dass ich mir diese Glücksmomente versagte.

Dass das Schöne in meinem eigenen Leben zu kurz kam, betrübte mich besonders, weil ich auch als Trauerbegleiterin arbeite. Mehr als zwei Jahrzehnte habe ich Menschen begleitet, die mit dem Verlust ihrer Kinder, Ehepartner, Eltern oder Geschwister zurechtkommen mussten. Sie begriffen in ihrer Trauer und ihrem Leid, dass das kostbare Geschenk des Lebens nie als etwas Selbstverständliches betrachtet oder, noch schlimmer, leichtfertig verschwendet werden sollte. Vor diesem Hintergrund war es umso unverständlicher, dass mich der Stress daran hinderte, die Ressourcen meines Lebens voll auszuschöpfen.

Natürlich hatte ich eine Vorstellung von dem, was innerer Frieden bedeutet, und ich wusste auch, dass er möglich ist (vor allem, wenn ich mich bewusst in die Stille zurückzog). Aber das war mir einfach zu wenig, zumal diese Gelegenheiten höchst selten waren. Ich wollte meinen inneren Frieden nicht nur im Urlaub finden. Ich wollte Frieden leben und atmen, Frieden sollte mein Grundgefühl im Leben sein. Ich wusste, dass der See der Ruhe direkt unter der Oberfläche lag: ein unermesslich großer innerer Raum voller Magie. Aber ich wusste nicht genau, wie ich dorthin gelangen und länger dort verweilen konnte.

Und dann entdeckte ich diese Soforthilfen: Übungen, die mir den richtigen Weg zeigten.

Problemlösung – schnell und effektiv

Sylvia saß mir gegenüber, die langen Beine in der Jeans übereinandergeschlagen. Sie war sichtlich aufgeregt. Die Mittvierzigerin, Mutter von zwei Jungs im Teenageralter, ließ sich gerade scheiden, lebte aber mit ihrem zukünftigen Ex-Mann noch unter einem Dach. Sie sagte: »Ich bin so was von gestresst!«

»Haben Sie es schon mit Meditation versucht?«, fragte ich. Diese Frage stellte ich meinen Klienten immer zu Beginn unserer gemeinsamen Arbeit. Obwohl ich selbst nicht gerade mit gutem Beispiel voranging, wusste ich um die entspannende Wirkung regelmäßiger, am besten täglicher Meditation. Egal, wem ich diese Frage stellte, einer Hausfrau und Mutter, einem selbständigen Unternehmer oder einem Pensionär, die Antwort war fast immer die gleiche.

So auch dieses Mal: »Pfff!«, schnaubte Sylvia. »Meinen Sie etwa, ich habe Zeit für so etwas?« Sie war eine Single-Mutter mit Vollzeitjob, hatte einen Haushalt zu führen und eine endlos lange To-do-Liste. Sie schien wirklich zu beschäftigt zu sein, um meditieren zu können.

Mir war klar, dass diese Stressoren ihren Tribut fordern, und blieb hartnäckig. »Ich kann Ihnen eine Technik zeigen, damit Sie in drei Minuten, ja selbst in einer Minute meditieren können.«

Sylvia zögerte. »Ich muss zugeben, dass ich es auch nicht machen würde, wenn ich die Zeit dazu hätte, fürchte ich jedenfalls. Ich habe Meditation schon ausprobiert, und ehrlich gesagt fand ich es ein bisschen langweilig. Wenn ich mich ruhig hinsetze und die Augen schließe, beginnt mein Geist zu wandern. Ich denke an die hunderttausend Dinge, die ich noch zu tun habe, und bin dann nur noch gestresster.«

Ich dankte Sylvia für ihre Ehrlichkeit, aber das war beileibe nicht das erste Mal, dass mir ein Klient (oder auch ein Freund oder eine Freundin) zu erkennen gab, dass Meditation nichts für sie oder ihn sei. Mir wurde klar, dass es einfache Übungen geben müsste, die gleichermaßen zu Ruhe, Gelassenheit und innerem Frieden führen wie intensive Meditationseinheiten. Dabei dachte ich an ein kleines Handbuch mit kurzen, zielorientierten Anweisungen für Entspannungsübungen, die ohne großen Aufwand in den Tagesablauf integriert werden können.

»Überlegen wir doch einmal«, ließ ich meine Gedanken schweifen, »was wäre, wenn wir etwas finden würden, das Sie zur Ruhe bringt, und zwar ohne klassische Meditationstechniken?«

»Dann vielleicht ...«, war ihre reservierte, skeptische Antwort.

»Und was wäre, wenn Sie es während des Händewaschens oder irgendeiner anderen Alltagstätigkeit praktizieren könnten?«

Sie lächelte und sagte dann freudig: »Das wäre geradezu perfekt!«

Sylvia nahm aus dieser Sitzung eine spontan erfundene Übung mit nach Hause (»Mit dem Strom schwimmen«), die ihr dabei helfen sollte, die Probleme mit ihrer Scheidung besser in den Griff zu bekommen.

Von ihrer positiven Reaktion ermutigt, begann ich weitere »Soforthilfen« zu entwickeln. Einige praktizierte ich schon über Jahre selbst, andere entstanden spontan, manchmal kamen mir die Ideen nachts, wenn ich wach lag. Um diese Geistesblitze festhalten zu können, hatte ich immer einen Stift und einen Notizblock parat. Wie heißt es so schön? Die Not ist die Mutter aller Erfindungen. Das traf in meinem Fall gleich doppelt zu: Von den Soforthilfen würden nicht nur meine Klienten profitieren, sondern auch ich.

Ich begann mich mit meinen Klienten auszutauschen und war begeistert über die positive Resonanz. In der Vergangenheit hatten sie sich oft über »Hausaufgaben« beschwert, wie zum Beispiel Tagebuchschreiben, Meditationstraining oder bestimmte Verhaltensregeln. Sie kamen mit niedergeschlagenem Gesichtsausdruck in die nächste Sitzung und beichteten, diese nicht erledigt zu haben.

Aber mit den kurzen und knapp gehaltenen Übungen zur Soforthilfe stieg die Erfolgskurve steil an. Warum? Weil die leicht in den Tagesablauf zu integrierenden Übungen auch für stark gestresste Menschen schnell zur Gewohnheit werden.

Schon bald begann ich entsprechende Workshops zu geben, und auch da war die Reaktion überaus positiv. Es gibt so viele Menschen, die überlastet, zerstreut und gestresst sind und dringend nach Möglichkeiten suchen, sich zu erden und zur Ruhe zu kommen.

Die Soforthilfen – Und wie funktionieren diese Soforthilfen? Es handelt sich um »Kurzbefehle«, wie wir sie aus dem Alltag kennen, etwa beim Autofahren oder bei der Arbeit am Computer. Es sind einfache Wegweiser zum Ziel, die sich ohne großen Aufwand ins alltägliche Leben integrieren lassen. Die Übungen sind leicht zu verstehen und umzusetzen, mit dem Ziel, sich danach gelassener und geerdeter zu fühlen. Sie basieren alle auf altbewährten Lehren und Heilmethoden.

Kognitive Verhaltenstherapie: Eine psychotherapeutische Herangehensweise, die darauf abzielt, durch ein verändertes Denken negative Verhaltensweisen verändern zu können. Die Klienten lernen, ihre Sinneseindrücke richtig wahrzunehmen, indem sie sich ihre Kognitionen bewusst machen, um so ihr Verhalten zu korrigieren. Die Kognitive Verhaltenstherapie hilft die Verbindungen zwischen Gedanken, Gefühlen und Verhalten zu verfolgen.

Yoga: Diese auf dem Hinduismus basierende Heilungsmethode und spirituelle Praxis zielt darauf ab, Körper und Geist zu trainieren. Yoga wird seit mehr als 5000 Jahren praktiziert und ist eine Kombination aus Atemübungen, Asanas und Meditation. Yoga hat viele positive Wirkungen, beispielsweise die Beruhigung des zentralen Nervensystems, eine verbesserte Körperwahrnehmung und die Reduktion von Stress.

Spirituelles Wissen und spirituelle Praktiken: Alle auf Spiritualität ausgerichteten Methoden sind bekannt dafür, dass sie den Geist beruhigen und gleichzeitig das Herz öffnen. Darüber hinaus fördern sie eine Lebenseinstellung, die auf Vergebung, Gewaltfreiheit und Freundlichkeit beruht.

~ *Mantra-Meditation/Zentrierendes Gebet:*
Das ständige Wiederholen von bedeutungsvollen Worten oder Sätzen in Stille und entspannter Sitzhaltung.

~ *Achtsamkeit:*
Eine Praxis, die das Bewusstsein für den Moment in den Mittelpunkt stellt, ohne zu bewerten, mit der Intention, sich auf eine einzige Aufgabe zu konzentrieren.

~ *Liebende Güte:*
In den östlichen Traditionen als Metta, in den westlichen als Agape bekannt. Hier wird Mitgefühl mit sich selbst und anderen geübt.

~ *Gleichmut:*
Ein Zustand von permanenter Ruhe und Gelassenheit, selbst unter Stress, durch unvoreingenommene Akzeptanz alles »Guten« und »Schlechten«.

~ *Energieheilung:*
Die Steuerung der Universellen Energie, oder »Chi«, innerhalb des Körpers, um die Frequenzen zum Schwingen zu bringen und in Balance zu halten.

Visualisieren: Eine Form der Selbsthypnose, die unsere Vorstellungskraft nutzt, Details von Orten und Gefühlen hervorzurufen. Diese Technik macht sich die Phantasie des Menschen zunutze, um den Geist zu heilen und Veränderungen im Körper zu bewirken. Visualisierungen sind bereits erfolgreich bei Depressionen, chronischen Schmerzen, Epilepsie, mangelndem Selbstvertrauen und bei beruflichen Misserfolgen eingesetzt worden.

Affirmation: Affirmationen arbeiten mit dem Unterbewusstsein, um ungesunde Denkmuster zu verändern oder zu ersetzen. Affirmationen sind positiv formulierte Aussagen oder Anregungen, die, wenn sie ständig wiederholt werden, tief verwurzelte Strukturen negativer Gedanken umprogrammieren und den Geist hin zu einer positiven Haltung umschulen können. Affirmationen werden in vielen Bereichen angewendet, beispielsweise bei Abhängigkeiten, fehlendem Selbstbewusstsein, Stress und Depressionen.

Positive Psychologie: Die Positive Psychologie distanziert sich von dem klassischen Modell der Medizin »Krankheit und Heilung« und stützt sich stattdessen auf die Vorstellung eines von Grund auf gesunden und fähigen Menschen. Ziel ist es, das Glücksgefühl zu verstärken und dadurch das Gleichgewicht im Leben wiederzufinden. Im Vordergrund stehen Dankbarkeit, Optimismus und innere Stärke. Diese Herangehensweise befähigt Menschen, eine aktivere Rolle in ihrem eigenen Heilungsprozess zu spielen.

Mind-Body-Medizin: Basierend auf der holistischen Perspektive der Ganzheitlichen Medizin geht die Mind-Body-Medizin davon aus, dass Gedanken die Symptome, die Funktionen und das Verhalten des Körpers beeinflussen können. Jüngste neurologische Untersuchungen haben gezeigt, wie elastisch unser Gehirn ist und wie gut sich Veränderungen etablieren lassen. Sich ständig wiederholende Erfahrungen und Gedanken führen zu neuen neuronalen Verknüpfungen im Gehirn.

Der Kern des Ganzen – Egal, um welche Übung es sich handelt oder auf welcher Technik sie basiert, die Grundidee ist immer gleich: Ein unterbewusstes Verhaltensmuster wird unterbrochen, noch bevor es zur Gewohnheit wird. Wenn wir unseren Gedankenfluss unterbrechen, entsteht ein Vakuum. In dem kurzen Augenblick, in dem der Autopilot eine Pause macht, haben wir Zeit und Raum für *Achtsamkeit, Veränderung* **und** *Erneuerung.*

Achtsamkeit: Achtsamkeit ist der Schlüssel, um zu begreifen, wie unser Verstand den Stress-Zyklus in unserem Leben aufrechterhält. Wenn wir uns einen kurzen Augenblick lang aus diesem Kreislauf ausklinken, helfen uns die Übungen, wieder aufmerksam und wach zu sein, um den Moment bewusst zu erleben. Diese Achtsamkeit hilft uns, dankbar für unser Leben zu sein, genau so, wie es ist.

Veränderung: Wenn wir in einer stressigen Situation oder bei einem Konflikt innehalten, können wir uns mit Hilfe geeigneter Übungen neu orientieren, unsere Verhaltensmuster verändern und damit die Situation verwandeln. Durch die Neustrukturierung fließt positive Energie, mit der Folge, dass positive Gefühle in unserem Gehirn verankert werden.

Erneuerung: Indem wir das rasende Tempo unseres Alltags einen Moment stoppen und eine geeignete Übung praktizieren, verschaffen wir uns eine Atempause. Üblicherweise werden Pausen zur »Betäubung« genutzt: Wir trinken etwas, rauchen, schauen Fernsehen, surfen im Internet, gehen shoppen oder spielen Videospiele. Wenn wir die Pausen aber für eine Gelassenheitsübung nutzen, beruhigen wir unser Nervensystem und verbinden uns wieder mit dem großen Ganzen.

Selbst in der größten Hektik sind es genau diese kurzen Augenblicke, die uns aufwecken, zur Stille zurückbringen und uns innere Ruhe schenken können. Natürlich stellt uns das Leben vor immer neue Herausforderungen, aber mit Hilfe der hier beschriebenen Übungen verändern wir unsere Beziehung zu dem Stress, den diese Herausforderungen zwangsläufig mit sich bringen. Auch wenn die äußeren Umstände die gleichen bleiben: Unsere Reaktionen darauf verändern sich. Es ist in der Tat möglich, unser Nervensystem neu zu programmieren, wenn wir nur oft genug und regelmäßig üben.

Gelassenheitsübungen aus wissenschaftlicher Sicht

Jede Übung, die in diesem Buch beschrieben wird, wirkt direkt auf den Parasympathikus, der dem Stoffwechsel, der Regeneration und dem Aufbau körpereigener Reserven dient. Diese Seite unseres Nervensystems ist der sogenannte »Ruhenerv«, er sorgt für Entspannung und Erholung. Wird der Parasympathikus stimuliert, wird das »Fight or flight«-System in unserem Körper gedämpft, der Blutdruck sinkt, wir können uns von den

Einflüssen der Außenwelt frei machen, unsere Laune steigt, unser Immunsystem wird gestärkt, und unser gestresster Körper kann sich regenerieren. Neurowissenschaftliche Untersuchungen haben gezeigt, dass das Gehirn plastisch ist und über die Fähigkeit verfügt, neue Verknüpfungen zu schaffen, wenn es durch ständig wiederholte veränderte Verhaltensweisen entsprechend trainiert wird. Das Gehirn registriert eine neue Erfahrung, indem unsere Neuronen neu miteinander verknüpft werden. Je öfter wir trainieren, desto wirksamer wird das neue Schaltsystem. Oder anders gesagt: Wenn wir dem Stress auf neue, gesündere Weise begegnen, dann entwickeln wir mit der Zeit neue, gesündere Gewohnheiten, die in unserem Gehirn als Verhaltensmuster verankert werden.

Der Schlüssel zum Erfolg

Der Schlüssel zur neuronalen Verankerung gesünderer Gewohnheiten ist die regelmäßige Wiederholung. Aber genau das ist das Problem: Wie oft schon hatten wir gute Vorsätze (gesündere Ernährung, mehr Sport, Meditation), die dann leider genauso oft gescheitert sind? Als hätten wir eine Packung Vitamintabletten im Küchenschrank, die in der hintersten Ecke verstaubt. Würden wir aber die Einnahme der Vitamine als festen Bestandteil des Frühstücks verinnerlichen, dann wären die Erfolgsaussichten ungleich höher. Sylvia praktizierte »Mit dem Strom schwimmen« deshalb so zuverlässig, weil sie die Übung mit dem Händewaschen verband, einer Tätigkeit, die mehrmals am Tag ganz automatisch ausgeführt wird. Das macht deutlich, wie wichtig der richtige Impuls ist. Der Schlüssel zum Erfolg liegt demnach in der Verknüpfung der Übungen mit bestehenden Gewohnheiten.

Gewohnheiten sind nichts anderes als Verknüpfungen von

Neuronen in unserem Gehirn. Wenn wir anders als sonst auf einen bestimmten Auslöser reagieren, werden Verknüpfungen umprogrammiert, neue Netzwerke entstehen, die nach und nach immer stabiler werden. Indem wir Gedanken, Gefühle, Erfahrungen und Tätigkeiten aus dem Alltag als Impulse nutzen, um die Übungen abzurufen, entwickeln wir neue Gewohnheiten. In der Folge müssen die veränderten Denkmuster nur noch im Fluss unseres Lebens »angestoßen« werden, um ihre Wirkung zu entfalten.

Wirklich neu ist dieses Konzept nicht. Wahrscheinlich kommen Ihnen einige Übungen bereits bekannt vor. Rufen Sie sich die Szene aus dem wunderbaren Film »Meine Lieder – meine Träume« in Erinnerung, in der Maria den verängstigten Kindern das Lied »My favorite things« vorsingt, um sie zu beruhigen. Immer wenn sie traurig ist, denkt sie an ihre Lieblingsdinge, um sich aufzumuntern: Und es funktioniert! Der Impuls: Sie ist traurig. Die Methode: An die Lieblingsdinge denken.

Oder nehmen Sie den Film »Der König und ich«. Wie tröstet Anna ihren verängstigten Sohn auf dem Schiff nach Siam? Sie erzählt ihm, dass sie immer eine heitere Melodie pfeift, wenn sie Angst hat. Der Impuls: Angst. Die Methode: Pfeifen.

Diese zwei Beispiele basieren auf emotionalen Auslösern, aber die Methode funktioniert auch mit anderen Verhaltensweisen oder Erfahrungen. Was machen Sie, wenn Sie jemanden niesen hören? Sie sagen ganz automatisch »Gesundheit«!

Ich habe einmal an einem Online-Kurs bei einem Lehrer teilgenommen, der wiederum Schüler des berühmten vietnamesischen Mönchs Thich Nhat Hanh war. Während seiner Zeit im Kloster war ihm aufgefallen, wie ein Mönch über das Klostergelände ging und dabei in zufälligen Abständen ein Glöckchen läutete. Wann immer dies geschah, musste er innehalten, egal, was er gerade tat, und einen Augenblick in achtsamer Stille verharren.

Auch das ist ein Beispiel für einen Impuls (Glockenläuten) und eine Methode (achtsame Stille). Auch heute noch verharrt dieser Lehrer einen Moment in achtsamer Stille, wenn er das Telefon klingeln hört (seine Form des Glöckchens).

Die Übungen sind deshalb so wirksam, weil:

1. sie effektiv und einfach zu verstehen sind und
2. mit bereits vorhandenen Impulsen verknüpft werden.

Idealerweise werden die Übungen so in den Alltag verankert, dass man gar nicht daran vorbeikann, sie gehören einfach dazu. Für mich persönlich war das eine wichtige Erfahrung. Auch wenn ich immer schon wusste, dass bestimmte Handlungen gut für mich sind (Sport und intensives Meditieren zum Beispiel), entschuldigte ich mich damit, keine Zeit und keine Kraft dafür zu haben. Doch seitdem ich die hier beschriebenen Übungen praktiziere, bei denen Impuls und Methode direkt verlinkt sind, habe ich herausgefunden, dass ich die Zeit *habe*.

Mit Impulsen und Methoden zum inneren Frieden

Gelassenheit beginnt jetzt! In diesem Buch finden Sie 70 »Soforthilfeprogramme«, die alle auf der Idee »ein bestimmter Impuls ist mit einer bestimmten Methode verknüpft« beruhen. Sie lassen sich in zwei Hauptgruppen aufteilen: »Die Basics« und »Pforten zum Frieden«. In der ersten Gruppe werden unsere Gewohnheiten, unsere Beziehung zu unserer Umwelt und unsere fünf Sinne benutzt, um Frieden zu finden. Die »Pforten zum Frieden« fokussieren sich auf vier Kernelemente, die zum Ziel führen:

- *Der Körper* ist ruhig und entspannt.
- *Der Verstand* ist frei, aufmerksam und offen.
- *Das Herz* ist mitfühlend und dankbar.
- *Der Geist* ist im Gleichgewicht und mit einer höheren Energie verbunden.

Im Anhang werden die Übungen noch einmal nach verschiedenen Gesichtspunkten geordnet, damit Sie die richtige Methode zum jeweils gegebenen Anlass zur Hand haben. Wenn Sie zum Beispiel lieber mit »Visualisierungen« als mit »Aktionen« arbeiten, können Sie dort gezielt nach entsprechenden Beispielen suchen. Des Weiteren gibt es eine Auflistung nach bestimmten Situationen, wie Stress oder Wut, und nach Impulsen, wie das Bezahlen offener Rechnungen.

Um sich nicht zu überfordern, ist es für den Anfang vorteilhaft, nur eine oder höchstens zwei Übungen zu praktizieren. Warten Sie einige Wochen, bis sie in Ihrem Leben verankert sind, und versuchen Sie dann, eine weitere in Ihren Tagesablauf zu integrieren. Es dauert etwa drei Wochen, bis eine Gewohnheit dauerhaft verankert ist – wenn Sie regelmäßig trainieren.

Sie können natürlich auch experimentieren. Testen Sie über einen kurzen Zeitraum parallel mehrere Übungen, um herauszufinden, welche für Sie am besten geeignet sind. Vielleicht kristallisieren sich rasch Ihre »Favoriten« heraus, während andere Sie dagegen gar nicht ansprechen. Das ist völlig in Ordnung. Wählen Sie das aus, was gut für Sie ist. Im Zwölf-Stufen-Programm der Anonymen Alkoholiker heißt es: »Nehmen Sie, was Sie brauchen, den Rest können Sie vergessen.« Diese Philosophie trifft auch auf die Übungen in diesem Buch zu.

Ein weiterer Tipp von meiner Seite: Nutzen Sie kurze Notizen als Gedächtnisstütze. Wenn Sie zum Beispiel mit der Übung

»Die Herrlichkeit des Morgens« arbeiten, die man gut beim Zähneputzen praktizieren kann, dann kleben Sie am besten für einige Wochen einen Erinnerungszettel über das Waschbecken. Bei »Ruhe in Frieden« sollte die Notiz auf Ihrem Nachttisch liegen.

Kleben Sie Zettel auf den Spiegel im Badezimmer, auf das Armaturenbrett im Auto, neben den Computerbildschirm oder an den Küchenschrank. Die Notizen sollen Ihnen das Stichwort geben, so lange, bis Ihnen die Übung in Fleisch und Blut übergegangen ist. Sobald Sie die Methode verinnerlicht haben, können Sie sich ein Leben ohne sie nicht mehr vorstellen.

In meiner Kindheit war »Der Zauberer von Oz« einer meiner Lieblingsfilme. Zugegeben, die Armee geflügelter Affen ließ mich vor Schreck erstarren, aber Dorothy und ihre Freunde faszinierten mich. Wie wahrscheinlich jeder weiß, will Dorothy wieder zurück nach Hause, weiß aber nicht, wie. Sie macht sich auf den langen Weg zum Zauberer, in der Hoffnung, er könne ihr helfen, was sich aber als Trugschluss herausstellt.

Dorothy weiß nämlich nicht, dass sie selbst über die magischen Kräfte verfügt, um nach Hause zurückzukehren. Die Magie steckt in ihren glänzenden roten Schuhen. Dorothy trägt sie Tag und Nacht, ohne zu wissen, welche Macht ihnen innewohnt. Erst als die gute Hexe Glinda auftaucht und ihr erklärt, wie sie die Schuhe zu ihrem Vorteil nutzen kann, erkennt sie ihre Macht.

Uns ergeht es ganz ähnlich. Auch wir verfügen über unzählige Ressourcen, um inneren Frieden zu erreichen, aber erkennen sie meist nicht. Und noch weniger wissen wir die verfügbaren Werkzeuge einzusetzen. Dieses Buch zeigt, wie unsere Wahrnehmung, unsere Kreativität und unsere Beziehungsfähigkeit nur darauf warten, um gemeinsam mit unserem Körper, unserem Verstand, unserem Herzen und unserem Geist zu tiefem Frieden und innerer Gelassenheit zu gelangen. Betrachten Sie dieses Buch als eine Art Hexe Glinda – es wird Ihnen zeigen, was zu tun ist. Es liefert Ihnen einfache Anleitungen, wie Sie Ihr Ziel, zu sich selbst zu finden, erreichen können. Seien Sie bereit, sich geerdet und gelassen zu fühlen, unabhängig von äußeren Umständen, ob Sie krank oder gesund sind, auch Ihre Vergangenheit und Ihre Zukunft spielen keine Rolle. Dauerhafter innerer Frieden ist ein »Grundrecht« von der Geburt bis zum Tod, und wer die vorgestellten Übungen regelmäßig und konsequent anwendet, wird sich ein Instrumentarium des Wohlbefindens schaffen, aus dem tiefe Freude entsteht. Und am Ende unseres Lebens blicken wir zurück und stellen fest, dass wir mehr getan haben, als uns nur durchs Leben zu schlagen. Wir haben intensiv gelebt und mit weit geöffnetem Herzen die Wunder des Lebens erfahren dürfen.

Die Basics

Der rote Faden durch den Tag

Übungen, die man in den Alltag integrieren kann

In meiner Kindheit war ich während der Ferien häufig in Williamsburg, einer Stadt, die in weiten Teilen ein historisches Freiluftmuseum ist. Ich war fasziniert von den rekonstruierten Gebäuden im Stil des 18. Jahrhunderts, von den Menschen, die in dazu passenden Kostümen umherspazierten, den Hutgeschäften, den Hufschmieden und den marmorierten Papieren in einer Buchbinderei.

Aber ganz besonders gut erinnere ich mich noch an ein Textilgeschäft, das »Shoppe« hieß. Im Hinterzimmer saß eine Frau an einem großen Webstuhl und führte akribisch Schussfäden durch die vorgespannten Kettfäden. Einen nach dem anderen, immer hin und her.

Mit der Zeit entstand ein dichtes Gewebe. Für mich war das damals wie Zauberei. Meine Mutter musste mich regelrecht aus dem Raum zerren, so fasziniert war ich von diesem langsamen, aber stetigen Entstehungsprozess.

Für sich genommen wirkte jeder einzelne Faden völlig unscheinbar, und doch entstand durch das Verweben einer Vielzahl von Fäden auf wundersame Weise ein Stoff. Stellen Sie sich jede der Übungen dieses Buches als Faden vor, der sich durch Ihren Alltag webt. Mit der Zeit entsteht daraus eine feste Struktur, die Textur des inneren Friedens.

Ganz offensichtlich sind stetige Wiederholung und Kontinuität der Schlüssel zum Erfolg, sowohl beim Weben als auch bei der Verknüpfung neuer Denkmuster mit dem Alltag. Aus einem einzelnen Faden wird kein Stoff, genau wie ein Vitaminshake oder ein Yogakurs noch keinen kranken Menschen gesund macht. Für nachhaltige Erfolge müssen wir unseren neu erworbenen Gewohnheiten Zeit geben, sich zu verwurzeln, sie müssen zu einer Konstante unseres Lebens werden.

In diesem Abschnitt finden Sie zehn ausgewählte Impulse und die dazugehörenden Methoden als Basis für den Alltag. Sie sollen Beispiele dafür sein, wie man die Übungen in den Alltag integrieren kann.

Natürlich ist es Ihnen freigestellt, die Impulse und Methoden Ihren Bedürfnissen anzupassen und daraus Ihr eigenes Übungsprogramm zu gestalten. Variieren Sie, optimieren Sie, modellieren Sie die Beispiele so, dass sie für Ihr Leben passen. Eine Teilnehmerin in einem meiner Workshops hat zum Beispiel herausgefunden, dass die bei mir mit dem Zähneputzen verbundene Übung »Die Herrlichkeit des Morgens« für sie besser zum Rekeln im Bett vor dem Aufstehen passt.

Eine andere Teilnehmerin fand heraus, dass das Fahren im Aufzug der perfekte Moment für eine Gelassenheitsübung ist. Sie kreierte eine ganz spezielle Übung, bei der mit jedem Stockwerk mehr und mehr Stress von ihr abfällt. Seien Sie kreativ!

Miteinander verwoben, entsteht aus neuen Denkmustern eine strapazierfähige Struktur des Wohlbefindens. Wenn bereits eine einzige neue Gewohnheit die Chance bietet, Ihr Leben zu verändern, wie gewaltig muss dann erst die Kraft sein, wenn Sie diese miteinander verknüpfen!

»Die tägliche Dosis«

IMPULS: Morgens, kurz vor dem Aufstehen.
METHODE: Setzen Sie sich, noch im Bett liegend, eine Intention. Atmen Sie tief ein und sagen Sie beim Ausatmen: »Heute bin ich ganz ruhig« oder »Ich verbringe den ganzen Tag in innerem Frieden«. Benutzen Sie das Präsens, so als ob Sie Ihr Vorhaben schon umgesetzt hätten, und spüren Sie, wie der Frieden langsam in Sie einströmt. Finden Sie einen Satz, der für Sie stimmig ist, etwa: »Heute entscheide ich mich für Frieden« oder »Jeder Tag hat positive Momente« oder »Ich strahle heute Frieden aus«. Stellen Sie sich diesen Satz als eine morgendliche Vitamintablette vor, Ihre tägliche »Friedenspille«. Erlauben Sie sich, jeden Tag mit einer friedlichen Intention zu beginnen.

Irgendwann bekam ich eine E-Mail von meiner Schwester, in der sie mir einen Fragebogen mit einer Reihe von nicht ganz ernst gemeinten Fragen schickte. Sie hatte sie bereits beantwortet und bat mich, das Gleiche zu tun. Diesen Fragebogen hatte ich bereits zuvor von Freunden geschickt bekommen.
Die Fragen ließen witzige Interpretationen zu, je nach Geschmack des Befragten. Eine Frage, die mir in Erinnerung geblieben ist, war: »Was ist Ihr erster Gedanke nach dem Aufwachen?« Meine Schwester hatte geschrieben: »Am Wochenende: Juchhu!« An einem Werktag: »Oh nein!« Meine Antwort lautete: »Habe ich ausreichend geschlafen?« Da ich unter Schlafstörungen litt, machte ich mir immer Sorgen über meinen Schlaf.
Damals wurde mir klar, dass die ersten Gedanken nach dem Aufwachen auch entscheidende Verhaltensregeln sein können. In der Phase zwischen Schlaf und vollständigem Erwachen

entwickeln Gedanken eine geradezu hypnotische Kraft. Wenn einem zum Beispiel als Erstes der Satz »Wie soll ich diesen stressigen Tag nur überstehen?« durch den Kopf schießt, ist das nicht gerade ein erfolgversprechender Start.

Gedanken, die geeignet sind, den inneren Frieden zu fördern, sollten Sie sich merken. Der erste Gedanke nach dem Aufwachen ist wichtig, er schafft nicht nur die Basis für den bevorstehenden Tag, sondern ist auch ein wertvoller Baustein für das Leben. Das klingt Ihnen zu dramatisch? Probieren Sie es aus und sehen Sie selbst!

ZWECK: Wenn wir uns nach dem Aufwachen einen Moment Zeit nehmen, um uns in Ruhe eine Intention zu setzen, starten wir gelassen und friedlich in den Tag und durchbrechen den Kreislauf der automatischen, meist negativen Aufwachgedanken. Nach und nach bildet sich in unserem Gehirn ein neues Verhaltensmuster, und wir können mit dem allererersten Morgengedanken gezielt einen von Frieden bestimmten Tag beginnen.

»Die Herrlichkeit des Morgens«

IMPULS: Während des morgendlichen Zähneputzens.

METHODE: Denken Sie beim Zähneputzen an drei Ereignisse, mit denen Sie an diesem Tag konfrontiert werden. Bewerten Sie sie nicht als »gut« oder »schlecht«, als »angenehm« oder »stressig«, sondern versuchen Sie neutral zu bleiben und sich vorzustellen, sich für alle damit einhergehenden Erfahrungen wie die Blüten in der Morgensonne zu öffnen. Sagen Sie: »Heute sehe ich dem Meeting voller Neugier entgegen« oder »Heute begegne ich meinen Schülern mit Offenheit« oder »Heute stehe ich dem Ausgang der Telefonkonferenz unvoreingenommen gegenüber«. Wenn Sie den drei Ereignissen im Laufe des Tages begegnen, erinnern Sie sich an Ihre Vorsätze. Vielleicht müssen Sie das eine oder andere gedanklich festzurren: »Ach, so stellt sich das also heute dar!« Alternativ können Sie auch drei positive Werte auswählen (statt der drei Ereignisse), für die Sie an diesem Tag besonders empfänglich sein möchten, wie zum Beispiel Liebe, Geduld oder Großherzigkeit.

Die Erzieherin meiner Kinder war nicht nur eine hervorragende Pädagogin, sie war auch eine wunderbare Fotografin. Sie nahm mit ihren Bildern sogar an regionalen Wettbewerben teil, die sie oft gewann. Und wenn sie Briefe verschickte, fügte sie manchmal eine ihrer prachtvollen Naturfotografien bei, die sie auf eine dicke Pappe geklebt hatte. Eines ihrer Fotos hat mich so berührt, dass ich es gerahmt und in meinem Badezimmer aufgehängt habe: »Blue Morning Glories«, in Sonnenlicht getauchte Prunkwindenblüten.

Während ich eines Morgens noch ganz benommen meine Zähne putzte, dachte ich an die To-do-Liste, die ich an diesem Tag abzuarbeiten hatte: »Geschäftsmeeting in der City.« Uff. »Der

Klient mit der schwierigen Geschichte.« Uff. »Mittagessen mit einer Freundin.« Gut. »Kinder an drei verschiedenen Orten abholen.« Na ja. »Heute Abend Theaterprobe.« Sicher ganz witzig, wenn ich nur nicht so müde wäre, uff. Mir fiel auf, dass ich die Neigung hatte, alles im Voraus als gut oder schlecht einzustufen. Immer, wenn ich darüber nachdachte, was an diesem Tag so alles zu erledigen war, fiel mir nur eine Lösung ein: »Augen zu und durch.«

Dann fiel mein Blick auf das Foto mit den Prunkwinden. Ich dachte darüber nach, wie sich diese wunderbaren Blüten jeden Morgen aufs Neue öffnen, frisch und optimistisch blicken sie dem neuen Tag entgegen. Sie werten nicht, verurteilen nicht, sie öffnen sich und lassen alles auf sich zukommen.

»Ich möchte auch so sein wie diese Blüten«, sagte ich mir und beschloss es auszuprobieren. Nicht nur, dass ich versuchte, meine täglichen Aufgaben vorurteilsfrei anzugehen, ich bemühte mich auch, den ganzen Tag über neugierig und offen zu bleiben.

Und jetzt raten Sie mal! Es funktionierte.

ZWECK: Wenn wir unseren Tag mit einer empfänglichen Haltung beginnen, schaffen wir automatisch eine Energie des »Geschehen-Lassens«. Indem wir uns immer wieder an die Prunkwindenblüten in der Morgensonne erinnern, während der Tag langsam voranschreitet, richten wir unseren Geist an den damit einhergehenden positiven Gefühlen aus und kultivieren ein Gefühl der Neugier und der Akzeptanz. Diese offene Haltung nährt den inneren Frieden.

»Einfangen und loslassen«

IMPULS: Unter der Dusche.
METHODE: Denken Sie an Ihre drei größten Ängste, Dinge, die Sie ganz besonders stressen. »Fangen« Sie die damit einhergehenden negativen Gefühle ein und geben Sie ihnen einen Namen: zum Beispiel Angst, Verdruss, Verurteilung oder Leiden. Stellen Sie sich dann vor, wie Sie jedes einzelne Gefühl mit dem Wasserstrahl der Dusche im Abfluss verschwinden lassen. Sagen Sie zum Beispiel: »Ich lasse los und spüle meine Angst vor einer negativen Kritik meiner beruflichen Leistung weg« oder »Ich lasse los und spüle meine Angst weg, dass meine Tochter heute alleine Auto fährt«. Entlassen Sie alle Gedanken in den Fluss des Lebens und schwimmen Sie voller Vertrauen mit dem Strom.

Angeln gehörte noch nie zu meinen Leidenschaften, aber in meiner Kindheit nahm mein Großvater mich und meine Schwester ab und zu mit auf ein Fischerboot. Wir spielten damals am liebsten mit Barbiepuppen und hatten noch nie Würmer an einen Angelhaken gehängt. Wenngleich wir gerne mit den Gerätschaften spielten, die mein Großvater in seinem Angelkoffer hatte, war die Vorstellung, einen um sein Leben kämpfenden Fisch aus dem Wasser zu ziehen, um ihn dann auszunehmen, ein Alptraum.

Als Erwachsene probierte ich es einmal mit Fliegenfischen, aber auch das war kein Erfolg. Ich war damals im dritten Monat schwanger, und mir war so übel, dass ich fast ins Wasser gefallen wäre. Aber das Konzept des Einfangens und Loslassens faszinierte mich. Obwohl Fliegenfischen eine humanere Art des Angelns ist, habe ich trotzdem meine Zweifel, ob der arme Fisch nach einem erbitterten Kampf völlig unbeschädigt wieder in seinen Lebensraum zurückkehren kann. Ich stellte mir eine Selbsthilfegruppe unter Wasser vor, verängstigte Barsche und Regenbogenforellen, manche noch mit Haken im Maul, die sich gegenseitig ihre traumatischen Geschichten erzählen.

Wendet man die Methode »Einfangen und loslassen« auf unsere Gedanken an, ergeben sich interessante Perspektiven. Viele unserer fest verwurzelten negativen Gedanken haben gar keinen Nutzen, außer dass sie uns verunsichern und nervös machen. Wie schleichendes Gift können sie ganz langsam unser Wohlbefinden beeinträchtigen. Aber sobald wir uns davon befreien, sind wir wieder in der Lage, klar zu denken und zu entscheiden, aktiv zu werden und Spaß am Leben zu haben.

Wenn einem beim Duschen das warme Wasser den Körper herunterrinnt, fühlen wir uns wohl und entspannt. Aber die Dusche ist auch der ideale Ort, die negativen Gedanken »einzufangen« und sie mit dem Wasser »abfließen« zu lassen. Lassen Sie diese Gedanken aus Ihrem Kopf in den Fluss des Lebens fließen. Viele Dinge, die uns intensiv beschäftigen, liegen außerhalb unserer Einflussmöglichkeiten. Wir haben sie nicht unter Kontrolle. Lassen Sie los und befreien Sie sich von Ihrer Last.

ZWECK: Wenn wir unsere Sinne für die Wahrnehmung negativer Gefühle schärfen, dann verlieren diese ihre Kraft. Wenn wir dann in der Lage sind, die negative Energie zu eliminieren, schaffen wir es, zur inneren Ruhe zu finden.

»Momentaufnahme«

IMPULS: Wenn Sie etwas trinken wie z. B. den Morgenkaffee.
METHODE: Wenn Sie den ersten Schluck Ihres Morgenkaffees trinken, halten Sie einen Moment inne, atmen Sie tief ein, frieren Sie den Moment ein (machen Sie dabei mental oder auch hörbar ein Klick-Geräusch wie bei einer Kamera) und denken Sie: *Das Leben ist schön.* Später dann, zum Beispiel beim Mittagessen, beim Nachmittagskaffee oder wann auch immer Sie etwas trinken, machen Sie aus dem Prozess »Innehalten – Einatmen – Momentaufnahme« eine Gewohnheit. Spüren Sie, wie die Flüssigkeit Ihren Gaumen hinab in die Speiseröhre rinnt. Nehmen Sie wahr, atmen Sie, saugen Sie ein und genießen Sie – den Geschmack und den Augenblick. Verankern Sie das Glücksgefühl in Ihrem Gehirn mit den Worten: *Ah, was für ein schöner Moment!*

Während meiner Collegezeit hatte ich das große Glück, das vorletzte Semester in London verbringen zu dürfen. Aus vielerlei Gründen war es ein faszinierendes halbes Jahr voller Spaß und Abenteuer, das Leben fühlte sich so frisch an, wie es nur Zwanzigjährige empfinden können. Sich durch die Menschenmassen zu zwängen und mit der U-Bahn zu fahren waren besondere Erlebnisse für mich. Da ich bisher immer auf dem Land gelebt hatte, war ich überwältigt vom pulsierenden Großstadtleben. Aber die ungewöhnlichste Assoziation, die ich mit meiner Zeit in England verbinde, ist die hingebungsvolle Begeisterung, wenn nicht gar Verehrung der Engländer für ihre Getränke.
Natürlich sind die Engländer für ihre unerschütterliche Liebe und Treue zum Tee in allen Varianten bekannt, aber eine ähnliche Zuneigung empfinden sie für schwarzen Johannisbeer-

saft, kalte Cola und das Bier im Pub. Es war nicht das Trinken an sich, das mich verwunderte. Es war das Ritual, das Umwerben, der Enthusiasmus. Ob der »Aaah!«-Laut nach dem ersten Schluck Tee mit Zucker und Sahne oder der andachtsvolle erste Lippenkontakt mit dem Schaum oben auf einer Pint Ale: Diese Menschen wissen ihre Wertschätzung zum Ausdruck zu bringen!

Wenn Sie alt genug sind, um sich an die Lipton-Werbung aus den 1970ern zu erinnern, dann werden Sie noch das »Aaah!«-Gefühl verspüren, das die glückliche Teetrinkerin gehabt haben musste, als sie nach einem erfrischenden Schluck Eistee rückwärts in den Pool fiel.

Es gibt viele Momente am Tag, die wir für solche Glücksgefühle nutzen können, wenn wir nicht vergessen, innezuhalten, wahrzunehmen und zu spüren. Jeder erste Schluck kann auch ein Moment der inneren Erfrischung und purer Freude sein. Lassen Sie Ihr Getränk eine Weile im Mund, wie ein Weinkenner es tut. Öffnen Sie Ihre Sinne für dieses Geschmackserlebnis, machen Sie gedanklich ein Foto und sprechen Sie dankbar die Worte: »Ah, so lässt sich's leben.«

ZWECK: Diese Übung dient dazu, unseren Verstand zu trainieren, sich auf einen Moment des puren Genusses konzentrieren zu können. Sie identifiziert einen glücklichen Augenblick, hält ihn im Bewusstsein und verwurzelt sich dort als positive Erfahrung. Sie hilft Dankbarkeit zu empfinden, eine Eigenschaft, die sehr eng mit dem inneren Frieden verknüpft ist. Schließlich bietet sich dabei auch die Gelegenheit, eine Pause zu machen, die den vorprogrammierten Tagesablauf durchbricht.

»Anhalten, nachdenken, Glück wünschen«

IMPULS: Beim Stopp an der roten Ampel.
METHODE: Innehalten, »mit dem Herzen sehen« und Wohlwollen empfinden. Beobachten Sie im Rückspiegel die Insassen der Autos hinter Ihnen und verinnerlichen Sie, dass jeder von ihnen auch ein bisschen so ist wie Sie. Alle suchen nach Glück, keiner möchte leiden. Formulieren Sie im Kopf für jeden einen Satz wie:

Ich wünsche dir Glück.
Hoffentlich musst du nicht leiden.
Friede sei mit dir.
Ich hoffe, du hast einen schönen Tag.

In meiner Kindheit hatten wir einen Kombi, bei dem man auf der Rückbank durch die Heckscheibe nach hinten schaute. Man konnte von dort also direkt in das Auto blicken, das hinter uns fuhr. Früher war das bei vielen Kombis so üblich.
Kürzlich hatte ich einen äußerst stressigen Tag, voller negativer Gedanken und Ängste. Ich war mit dem Auto unterwegs und musste hinter einem solchen altmodischen Kombimodell halten. Und siehe da, dort saßen zwei kleine Kinder auf der Rückbank, die mich interessiert beobachteten. Da ich nicht auf eine solche Situation eingerichtet war, nervte es mich, Auge in Auge mit jemandem an einer Ampel zu warten.
Aber dann lächelte ich die Kinder an, und sie winkten mir zu. Ich machte das »Peace«-Zeichen, und sie machten es mir nach. Wir lachten uns an, und dann warf mir das kleine Mädchen eine Kusshand zu, und ich gab ihr eine zurück. Alles war plötzlich Friede, Freude, Eierkuchen, und es tat mir sogar ein bisschen leid, dass die Ampel auf Grün sprang. Dieser kurze

Wohlfühlmoment veränderte den ganzen Tag, mein Stimmungsbarometer stieg.

Was für eine nette Möglichkeit, die Wartezeit an der Ampel zu überbrücken, dachte ich mir. Die meisten denken an der roten Ampel an gar nichts oder grübeln über die Vergangenheit oder die Zukunft nach oder sind sauer auf den Fahrer vor sich, der nicht schnell genug anfährt. *Warum nicht die Wartezeit für ein paar gute Wünsche für die anderen nutzen?,* überlegte ich. Stellen Sie sich vor, jeder wartende Autofahrer an jeder Ampel hätte gute und freundliche Gefühle. Einen kurzen Augenblick lang wäre sich jeder seines Mitgefühls für die anderen bewusst. Welche Folge hätte das? Ich vermute: weniger Hass und weniger Stress. Und unsere Welt wäre tatsächlich eine andere. Schauen Sie die Insassen in den anderen Autos genau an. Denken Sie daran, dass auch sie Freunde, Familie, Jobs, Freud und Leid, Hoffnungen und Ängste haben – genau wie Sie. Versuchen Sie einen Augenblick mental Kontakt mit ihnen aufzunehmen und wünschen Sie ihnen etwas Gutes.

ZWECK: Diese Methode löscht die schwelende Aggression, die heute im Straßenverkehr vorherrscht, indem unsere Scheuklappen einem breiteren Blickwinkel weichen. Für viele Menschen ist die Fahrt zum Büro und zurück die stressigste Zeit des Tages. Wenn wir diese Methode bewusst einsetzen, verändert sich unsere Einstellung zum Autofahren. Indem wir eine Verbindung mit den anderen eingehen, erweitert sie den Blick auf uns selbst und auf unsere Umgebung. Genau wie wir streben auch die anderen nach Glück und wünschen sich ein Leben ohne Leiden. Uneigennützige Gefühle für andere Menschen aktivieren die Ruhemechanismen unseres eigenen Nervensystems. Indem wir unsere Herzen dem Mitgefühl öffnen, erfahren wir einen tieferen inneren Frieden.

»Mit dem Strom schwimmen«

IMPULS: Beim Händewaschen.
METHODE: Jedes Mal, wenn Sie vor einem Waschbecken stehen, gibt Ihnen das fließende warme Wasser das Stichwort für: »Ich schwimme mit dem Strom« oder »Ich vertraue dem Universum« oder »Alles ist so, wie es sein sollte«. Diese Leitsätze sollen Sie daran erinnern, loszulassen und sich im Fluss des Lebens treiben zu lassen.

Die meisten von uns gehen davon aus, alles unter Kontrolle zu haben und Herr über ihr Schicksal zu sein. Die harte Realität ist allerdings eine andere: Nur wenige Dinge im Leben lassen sich von uns steuern und kontrollieren. Wetter, Tod, Krankheiten, Zugverspätungen, Verkehrschaos, Warteschlangen an der Kasse und so weiter und so weiter, auf all das haben wir keinen Einfluss. Wir geben unser Bestes, um die Selbsttäuschung zu bewahren, wir wären imstande, unser Leben zu lenken, aber tief in unserem Inneren ahnen wir, dass wir uns etwas vormachen. Das wird zum Beispiel bei einer Flugreise überdeutlich.

Im Moment fliege ich nur selten, aber in der Vergangenheit bin ich oft genug mit dem Flugzeug unterwegs gewesen, um zu wissen, wie sich neun Stunden Verspätung, Flugausfälle, geschlossene Flughäfen, technische Probleme, Vereisung der Triebwerke, brüllende Kinder (einmal mein eigenes), Fußtritte der hinter mir sitzenden Kinder, qualvoll enge Mittelsitze, Turbulenzen und sich übergebende Nachbarn anfühlen.

Ich bin Kurz- und Langstrecken geflogen, war in kleinen und großen Flugzeugen unterwegs. Zusammenfassend kann ich sagen, dass Fliegen den Menschen bescheiden macht, denn man kann nichts, aber auch gar nichts kontrollieren, außer die eigene Einstellung (und selbst das scheint in solchen Momenten schwierig).

An einem Nachmittag im Sommer saß ich am Flughafen und hörte einen Angestellten der Airline sagen, dass unser Flug auf unbestimmte Zeit verschoben sei, bis eine Reihe von Unwettern über Denver hinweggezogen wäre. Verwundert sah ich zu, wie ein Jugendlicher, der mir mit seiner Mutter gegenübersaß, einen Tobsuchtsanfall bekam und erst in ohrenbetäubender Lautstärke »Verdammt!« brüllte und dann gegen einen Rollstuhl in seiner Nähe trat (der zum Glück leer war). Seine Mutter schien sich zu schämen, sagte aber kein Wort. Auch andere Passagiere wurden ungeduldig, klappten ihre Handys auf und fluchten kollektiv vor sich hin.

Auch ich konnte spüren, wie mein Blutdruck langsam anstieg, aber plötzlich machte ich eine seltsame Erfahrung. Ich löste mich aus meinem Körper und war plötzlich nur noch eine Beobachterin aus der Ferne, so als ob ich eine Szene über eine Flugverspätung im Kino sehen und davon ein Foto machen würde. Ich registrierte den Ärger der Passagiere, die ihre Wut auch an den Mitarbeitern der Fluggesellschaft ausließen (als ob das Unwetter dadurch schneller vorbeiziehen würde). Mir fiel auf, wie lächerlich die Situation aus meiner neuen Perspektive wirkte. Die Wartenden benahmen sich wie Kleinkinder, die einen Wutanfall bekommen, wenn etwas nicht nach ihrem Willen läuft.

Nach einigen Sekunden kehrte ich in meine Körperhülle zurück. Mit geschlossenen Augen vergegenwärtigte ich mir die Regenmassen, die für unsere Verspätung verantwortlich waren, und ließ los. Ich stellte mir vor, wie das Wasser an mir herunterrann, und begann leise zu singen: »Schwimme mit dem Strom«, immer und immer wieder. Dann schlug ich mein Buch auf und vertiefte mich während der nächsten Stunden in aller Ruhe in die Lektüre, bis die Unwetter vorbeigezogen waren.

Das Leben lehrt uns, dass wir jedes Mal verlieren, wenn wir versuchen, gegen die Realität anzukämpfen. Akzeptieren lernen, was ohnehin geschieht, die Dinge zu nehmen, wie sie kommen, und mit dem Fluss des Lebens zu schwimmen ist eines der Erfolgsgeheimnisse auf dem Weg zum inneren Frieden.

ZWECK: Gegen den Strom zu schwimmen ist nicht nur sehr anstrengend, es ist meist auch völlig sinnlos. In dem Moment, in dem wir den Widerstand aufgeben und uns von den Fluten tragen lassen, richten wir uns an der Realität aus. Wenn wir uns am Waschbecken einen Augenblick auf das Wasser und unsere Hände konzentrieren, schaffen wir Raum dafür, den Widerstand abfließen zu lassen und uns auf die sanfte Kraft der Akzeptanz zu besinnen. Das warme Wasser beruhigt zusätzlich Körper und Geist.

»Pause!«

IMPULS: Im Bad oder wo auch immer Sie einen Moment Zeit für sich haben.

METHODE: Atmen Sie durch die Nase ein und zählen Sie bis fünf. Konzentrieren Sie sich auf die Luft, die durch die Nasenlöcher in den Körper strömt und sich in den Lungen ausbreitet. Halten Sie die Luft an und zählen Sie erneut bis fünf. Atmen Sie durch den Mund aus und zählen Sie dieses Mal mindestens bis fünf (aber gerne auch länger). Formen Sie bei der Ausatmung den Mund so, als würden Sie durch einen Strohhalm pusten. Den Vorgang mehrere Male wiederholen.

Ich habe versucht, meinen Kindern das Meditieren beizubringen. Bevor sie zum Schulbus gingen, praktizierten wir SSS (Sechzig Sekunden Stille). Ich läutete eine Glocke, dann schlossen wir die Augen, saßen 60 Sekunden still da, dann läutete ich wieder, und die Meditation war zu Ende.

Anfangs machten sie willig mit. Manchmal rutschten sie ein wenig hin und her, husteten oder öffneten leicht entnervt die Augen, aber im Großen und Ganzen waren sie gewillt, sich auf dieses seltsame Morgenritual einzulassen. Eines Tages meinte meine Tochter (sie ging damals in die erste Klasse), dass diese 60 Sekunden einfach zu langweilig seien und sie in dieser Zeit etwas tun müsse.

Aha. Das geht auch vielen Erwachsenen so. Meditation? Wer möchte schon mit seinen tristen oder gar verrückten Gedanken alleine gelassen werden? Aus diesem Grund überlegte ich, eine Atemtechnik einzusetzen, die ich von einem Kollegen gelernt hatte. Sie nennt sich 4-7-8-Technik (einatmen und dabei bis 4 zählen, die Luft anhalten und bis 7 zählen, ausatmen und dabei bis 8 zählen) und stammt von Dr. Andrew Weil, der sie auch mehrfach beschrieben hat. Aber auch beim Tai-Chi wird sie meines Wissens eingesetzt. Diese Übung wird zur Stressreduktion empfohlen und wirkt wie ein natürliches Beruhigungsmittel auf das zentrale Nervensystem. Ich veränderte den Atemrhythmus in 5-5-5, weil mir das ausgewogener erschien und es für meine Kinder einfacher zu merken war.

Doch an manch hektischem Morgen war selbst 5-5-5 zu lang. Meine Kinder sprangen während der Übung auf und rannten zum Schulbus. Als die Kinder größer wurden, wurde ihnen die morgendliche Praxis lästig, und sie geriet in Vergessenheit. Aber immerhin ist das Saatkorn gesät, und wer weiß, welche Pflanze in der Zukunft daraus sprießen wird!

ZWECK: Atemübungen sind elementar wichtig für gute Erdung, Entspannung und Belebung des Körpers. Tiefes Ausatmen stimuliert die Beruhigungsmechanismen unseres Körpers. Beim Anhalten des Atems werden die Lungen elastischer, was zu einer Verbesserung der Gesamtgesundheit beiträgt. Wenn wir unseren Geist dazu bringen, bewusst auf unseren Atem zu achten, schaffen wir einen Moment der Ruhe, in dem sich der innere Frieden entfalten kann.

»Unter weitem Himmel«

IMPULS: Vor dem Einsteigen ins Auto oder in ein öffentliches Verkehrsmittel.
METHODE: Schauen Sie in den Himmel. Betrachten Sie die Weite, die Wolken, die Farben und stellen Sie sich das Sonnensystem und alles Weitere dahinter vor. Stellen Sie sich vor, dass unsere Galaxie nur eine von Tausenden anderen ist. Atmen Sie in den Himmel ein, atmen Sie in die Weite ein und atmen Sie langsam aus. Sagen Sie: »Die unendliche Weite spiegelt sich in mir.«

Ich hatte schon immer eine Vorliebe für die wunderbaren Vorgänge am Himmel. Sonnenaufgänge, Sonnenuntergänge, Wolkenformationen, Sternennächte, Sternschnuppen, Vollmondnächte, Mondsicheln, Meteorschwärme und Mondfinsternisse – ich konnte mich gar nicht sattsehen. Der Himmel scheint die perfekte Leinwand für die große Kunst der Natur zu sein.

Auch alles andere über mir fasziniert mich: gefärbte Blätter in hohen Bäumen, vorüberziehende Wildgänse, Schmetterlinge und andere Himmelsschönheiten. Es gibt immer etwas am Himmel, das meinen Blick magisch anzieht. Vielleicht ist das auch eine Erklärung für meine Begeisterung fürs Fliegen.

Als ich das erste Mal geflogen bin, war ich 13 und hatte mir gerade Ohrlöcher stechen lassen (das hatte nichts mit der Flugreise zu tun, aber die Assoziation bleibt). Wir flogen in den Urlaub, und meine Schwester und ich waren sehr aufgeregt, obwohl wir für die Reise extra Bücher und Aufkleber bekommen hatten. Die Stewardess (ja, so hieß es damals noch) brachte uns Spielkarten und Flügelanstecker. Für mich war das ein großes Abenteuer.

An diesem Tag war der Himmel bewölkt, und deshalb traf mich das, was mich über den Wolken erwartete, völlig unvorbereitet. Durch die Wolken zu fliegen, aus dem Dunst aufzutauchen und festzustellen, dass darüber das Wetter klar und sonnig ist: ein unbeschreibliches Erlebnis. Es war wie ein Wunder, in wenigen Sekunden von einem bedeckten zu einem sonnigen Tag. Wenn ich heute an einem regnerischen Tag in den Himmel schaue, weiß ich, dass über den dichten Wolken die Sonne scheint, man kann es von unten nur nicht sehen.

Blicken Sie nach oben, suchen Sie Kontakt zum Himmel und denken Sie über alle seine Geheimnisse und Rätsel nach. Wer nimmt sich heute noch die Zeit, einfach mal nur aufzuschauen? Wir sind dermaßen darauf fokussiert, nach unten, nach vorne oder nach hinten zu schauen, dass wir die Weite über uns ganz vergessen. Nehmen Sie sich diesen Augenblick Zeit und fokussieren Sie sich nach oben, ins Universum, und erinnern Sie sich daran, dass das Leben etwas viel Größeres ist als das Hamsterrad der To-do-Listen und der rasenden Gedanken. Und denken Sie daran, dass auch Sie ein Teil dieses großen Ganzen sind.

ZWECK: Tiefes Ausatmen aktiviert den Beruhigungsmechanismus in unserem Körper. Diese Übung erlaubt ein größeres Verständnis von Weite, einer Weite, die sich auch in uns widerspiegelt. Dabei erinnern wir uns daran, dass wir ein kleines lebendiges Puzzleteil im Sonnensystem und unsere alltäglichen Probleme im Vergleich dazu meist lächerlich winzig sind.

»Abschütteln«

IMPULS: Nach einem anstrengenden Arbeitstag, einem stressigen Tag oder einer stressigen Situation.

METHODE: Nehmen Sie sich einen Moment Zeit, Ihren Körper »durchzuschütteln«, bevor Sie die Haustür öffnen. Wie ein nasser Hund, der sich schüttelt. Schütteln Sie das rechte Bein, den rechten Fuß, dann das linke Bein und den linken Fuß. Schütteln Sie den rechten Arm und die rechte Hand, dann den linken Arm und die linke Hand. Lassen Sie sanft den Kopf kreisen und lockern Sie die Schultern. Wiegen Sie zum Schluss noch den Oberkörper hin und her, um auch die letzten Verspannungen aus dem Körper zu lösen. Atmen Sie danach tief ein und mit einem Seufzer wieder langsam tief aus.

Ich bin ein gut organisierter Mensch, meine spontanen Entscheidungen kann man an zwei Händen abzählen. Meine Kinder erinnern mich immer wieder daran, wenn ich an einem Sommertag einfach so mit ihnen Minigolf spielen gegangen bin. Oder an die spontane Tiramisu-Bestellung beim Italiener um die Ecke. Und erst kürzlich habe ich mich bei strömendem Regen darauf eingelassen, eine Runde um den Block zu drehen.

Wir schlüpften in unsere Anoraks und Gummistiefel und nahmen unseren Familienhund, einen Golden Retriever, mit auf eine »Singin' in the Rain«-Tour. Ich muss zugeben, wir hatten riesigen Spaß, obwohl wir triefend nass wurden. Vielleicht aber auch gerade deshalb. Nach dem Spaziergang gingen wir durch den Keller ins Haus und warfen die nassen Jacken auf den Boden. Und gerade, als ich unseren betagten Hund mit einem Handtuch abrubbeln wollte, schüttelte er sich, der ganze Körper vibrierte, und die Wassertropfen spritzten in alle Richtungen.

Wäre das nicht wunderbar, wenn wir unsere Sorgen und Ängste auf diese Weise abschütteln könnten?, fragte ich mich, nachdem ich entsetzt aufgeschrien hatte. Stellen Sie sich vor, wir könnten den Arbeitstag mit all den Meetings, E-Mails, Projekten, Fehlern, Auseinandersetzungen mit Kunden, Gesprächen mit dem Chef, das Durcheinander auf dem Schreibtisch ..., einfach abschütteln, wenn wir nach Hause kommen. Was wäre das für ein Segen!

Wenn wir die vergangenen Stunden des Tages dort lassen könnten, wo sie hingehören, in der Vergangenheit also, wäre es sicher einfacher, sich am Abend zu entspannen und für die Familie und die Freunde präsent zu sein. Mit dieser Übung erreichen wir genau das. Wir schütteln die negative Energie einfach ab, erfrischen unseren Geist, vergessen das Gewesene und sind offen für das Neue. Danach können wir entspannt den Abend genießen.

ZWECK: Beim Schütteln der einzelnen Gliedmaßen geht die Entspannung wie eine Welle durch den ganzen Körper. Wenn wir die negative Energie des zurückliegenden Tages abschütteln, verschaffen wir uns Ruhe und Frieden und können hellwach den Feierabend erleben.

»Ruhe in Frieden«

IMPULS: Vor dem Einschlafen.
METHODE: Wenn Sie im Bett liegen und Ihnen die Augen zufallen, denken Sie über Ihren Tag nach und suchen Sie nach drei Dingen, die Ihnen widerfahren sind und für die Sie Dankbarkeit empfinden. Bleiben Sie nicht vage, sondern rufen Sie sich die Momente konkret in Erinnerung und erleben Sie sie ein zweites Mal. Bleiben Sie präsent und stellen Sie sich Ihren Körper als Schwamm vor, der die Erinnerung aufsaugt.

In meiner Kindheit schauten wir zu Weihnachten immer »White Christmas« mit Danny Kaye und Bing Crosby. In einer berühmten Szene kann Bings Auserwählte, Rosemary Clooney, nicht einschlafen und geht in die Hütte, um nach etwas Essbarem zu suchen. Gemeinsam mit Bing sitzt sie schließlich gemütlich am Kamin, wo er ihr etwas vorsingt. Das Lied handelt davon, dass man vor dem Einschlafen an die Dinge denken soll, für die man dankbar ist.

Nun gut. Natürlich würde man besser einschlafen, wenn Bing Crosby einem sanft ins Ohr sänge! Aber sich die Dinge ins Gedächtnis rufen, für die man an diesem Tag dankbar sein sollte, ist fast genauso gut. Ich habe diese Methode oft ausprobiert, wenn ich meine Kinder ins Bett gebracht habe. Ich sagte dann: »Erzähl doch mal, was heute Schönes passiert ist.« So erfuhr ich ein bisschen mehr über ihren Tag und half ihnen, eine Möglichkeit zu finden, wieder mit den erlebten Glücksmomenten in Kontakt zu kommen.

Eines Abends erzählte mir meine jüngste Tochter Victoria, die an diesem Tag krank aus der Schule gekommen war, dass überhaupt nichts Schönes passiert war. Das geht vielen von uns so. Wir wälzen uns im Bett und denken: *Heute ist* nichts *passiert,*

für das ich dankbar sein kann. Ich schlug Victoria vor, mit kleinen Dingen anzufangen und einfach zu denken: *Ist es nicht*
schön, dass ich in meinem eigenen Bett liegen kann? Dass es die
Arznei gibt, die das Fieber gesenkt hat? Dass ich auf der Couch
liegen und Disney-Filme schauen kann?
Wenn es Ihnen schwerfällt, etwas in Ihrem Leben zu finden,
wofür Sie dankbar sein können, schauen Sie auf die kleinen
Dinge: die Schönheit der Natur, das Lächeln eines Freundes
oder einfach, dass Sie zwei gesunde Beine und zwei gesunde
Arme haben. Jeder Tag hat schöne Dinge, üben Sie sich darin,
jeden Abend drei davon zu finden.

ZWECK: Bei dieser Übung geht es darum, den Fokus auf positive Gefühle zu richten. Freude lässt sich als »erlebter Frieden«
beschreiben. Wenn wir über die Glücksmomente des Tages
nachdenken, entsteht positive Energie, die in Freude und inneren Frieden umgewandelt wird. Darüber hinaus hilft die abend-
liche Dankbarkeitspraxis aber ganz sicher dabei, besser zu
schlafen!

Tänzchen gefällig?

Übungen, die sich in unsere Beziehungen integrieren lassen

Als ich 40 wurde, hatte ich drei Kinder zu Hause, zehn, acht und sechs Jahre alt. Um meinen runden Geburtstag gebührend zu feiern, wollte ich den ganzen Monat dazu nutzen. Ich gab eine kleine Party, ging mit meinem Mann ganz groß aus, und als krönenden Abschluss schenkte ich mir ein »Stille-Wochenende« in einem Kloster.

Meine Güte! Stille war das, wonach ich mich am meisten sehnte. In meiner kleinen »Eremitage« (eine Hütte mit Schlafraum und Küchenecke) verbrachte ich drei Tage in absoluter, seliger Stille. Viermal am Tag wurde Gottesdienst gehalten (für mich freiwillig, für die Mönche verpflichtend), nur dort wurde gesprochen. Ich nahm an den meisten Gottesdiensten teil.

Gregorianische Gesänge. Weihrauch. Stille. Eine Hütte als vorübergehende Wohnung. Ich fühlte mich wie in einer anderen Welt. Und das war ich tatsächlich auch! Keine Kinder um mich herum, die mich mit Fragen löcherten oder versuchten, das Ins-Bett-Gehen hinauszuzögern. Musste ich jemanden zurückrufen? Nein. Nichts. Mein Handy war nur für Notrufe angeschaltet, und die kamen zum Glück nicht.

Vielleicht denken Sie jetzt, dass mir diese geballte Einsamkeit irgendwann langweilig wurde, aber so war es nicht. Ich verbrachte die Zeit mit Tagebuchschreiben, Meditationen und Spaziergängen im herbstlichen Wald. Ich las spirituelle Texte. Ich lag zwei Stunden in der Hängematte und träumte vor mich hin. Ich döste. Ich dachte über meine 40 Jahre Leben nach.

Die Mahlzeiten im Kloster waren beglückende Momente, zumal die Mönche hervorragende Köche waren. Das Essen war köstlich (zum Glück lebte ich nicht in einer asketischen Gemeinschaft). Während des Essens saßen wir alle gemeinsam an drei Tischen in einem Raum mit niedriger Decke und nahmen schweigend unsere Mahlzeiten ein.

Die Bestecke klirrten, und die Kau- und Schluckgeräusche aller Anwesenden waren in der Stille deutlich zu hören. Ich betrachtete jeden Mönch genau und fragte mich, welche Lebensumstände ihn dazu geführt hatten, dieses Leben in Stille zu wählen. Bei jedem Augenkontakt lächelten wir uns an.

Und dann war meine spirituelle Ruhepause vorbei. Ich packte meine Koffer, voller Dankbarkeit für diese herrliche Zeit, und ging zu meinem Auto, um nach Hause zu fahren. Kaum hatte ich das Klostergelände verlassen, versuchte die reale Welt alles, um mich wieder zu vereinnahmen.

Warum fuhren alle Autos so schnell? Warum drängte mich diese Frau ab? Warum klebte der Wagen hinter mir an meiner Stoßstange? Humph. Als ich nach Hause kam, schwappte mir eine Stresswelle entgegen. Die Kinder bestürmten mich mit Fragen, mein Mann wedelte mit To-do-Listen, Telefonate und E-Mails mussten beantwortet werden, Klienten riefen an, das Haus war in einem chaotischen Zustand. Und dann noch die Frage: »Was kochst du heute Abend?«

Wahrscheinlich machen Sie sich jetzt über mich lustig. Mein klösterlicher Frieden zerplatzte wie eine Seifenblase. Statt Ruhe ein einziges Chaos. Mein Rückzug in die Stille hatte im Alltag nicht einmal eine Stunde Bestand. *Wenn ich allein bin, habe ich meine Ruhe,* dachte ich wütend, *das liegt nur an den anderen ... sie sind es, die meinen Frieden stören und alles kaputt machen.*

Vielleicht denken Sie jetzt, dass ich nicht gerade erleuchtet aus dem Kloster nach Hause zurückgekehrt war. Die Geschichte Buddhas klingt irgendwie anders. Es heißt, dass er sich nach sieben Jahren Suche unter einen Bodhi-Baum setzte, dort meditierte und die Erleuchtung erfuhr. Dabei hatte er Visionen, die ihn von seinem Weg abbringen wollten, aber er blieb fokussiert. Irgendwann erkannte er den wahren Sinn des Lebens und gelangte auf diese Weise zum inneren Frieden.

Eine seiner elementaren Erkenntnisse wurde später zu einer der zentralen Lehren des Buddhismus: Wir sind alle miteinander verbunden. In anderen Worten, unsere Vorstellung, dass wir isolierte Einzelwesen sind, ist eine Illusion. Wenn wir jemandem Leid zufügen, fügen wir uns selbst Leid zu. Wenn wir jemandem Liebe und Freundlichkeit schenken, schenken wir auch uns Liebe und Freundlichkeit. Wir sind alle in einem Netz wechselseitiger Abhängigkeit miteinander verflochten, ohne dass wir dieses Geheimnis lüften können.

Mit der Zeit habe ich verstanden, dass ich keinen inneren Frieden erleben kann, wenn ich nicht mit meinem Umfeld in Frieden bin. In der Tat sind gerade die Menschen, die mich am meisten fordern, meine besten Lehrer, um wahren Frieden zu finden!

Meine Stiefkinder lernen Karate, und ich bin immer wieder begeistert von der Verbeugungsgeste der Gegner vor einem Kampf. Diese Geste impliziert, dass man seinen »Gegner« respektiert und ihm für alles dankt, was er einem auf der Matte beibringen wird. Dabei wird die Einsicht vermittelt, dass wir alle etwas voneinander lernen können.

Ich glaube fest daran, dass alle Menschen, egal, ob ich sie kenne oder nicht, ein Teil meines Friedensprozesses sind. Die Verbundenheit mit den anderen zu spüren führt dazu, Verwurzelung zu erfahren und sich als Teil des großen Ganzen zu sehen.

Ein »Tänzchen« zu wagen ist eine Möglichkeit, den inneren Frieden im Alltag zu üben, denn die Interaktion mit anderen hilft uns beim Wachsen, beim Gesundwerden und dabei, bessere Menschen zu werden. Die Übungen in diesem Kapitel dienen dazu, sich die Kraft der Beziehungen zunutze zu machen. Die erste Übung, »Spieglein, Spieglein an der Wand«, beginnt mit der wichtigsten Beziehung überhaupt: der Beziehung zu sich selbst. Die folgenden Übungen dienen dazu, bereits bestehende gute Beziehungen noch zu verbessern. Und schließlich suchen wir Mittel und Wege, die »zähen« Wechselbeziehungen zu entkrampfen, damit sie zu gangbaren Wegen zum inneren Frieden werden.

Ob ich mich immer noch gerne in die Stille zurückziehe? Oh ja. Aber davon hängt nicht mehr ab, ob ich meine Mitte finde. Zum Glück habe ich dazu meine Familie, Freunde und alle anderen.

»Spieglein, Spieglein an der Wand«

IMPULS: Vor dem Spiegel stehen.
METHODE: Betrachten Sie Ihr Spiegelbild und sagen Sie dabei:
»Ich akzeptiere dich voll und ganz.« Es kann auch sein, dass bei
Ihnen folgende Sätze: »Ich vergebe dir«, »Ich schenke dir meine
tiefe und bedingungslose Liebe« oder »Du gibst dein Bestes,
und dafür bewundere ich dich«, besser funktionieren. Wenn Sie
glauben, dass dies alles für Sie nicht passt, dann ermuntern Sie
sich mit einem »Lass dich nicht unterkriegen«.

Als ich 40 wurde, erfüllte ich mir einen Traum und kehrte auf
die »Bühne« zurück. Nun ja, ich hatte auf der Highschool einmal bei einer Musicalaufführung mitgemacht ... nur im Chor ...,
aber ich wollte wieder auf den »Brettern« stehen.
Aus diesem Grund sprach ich bei der örtlichen Theatergruppe
vor, die das englische Musical »Honk!« aufführen wollte, das
Märchen vom hässlichen Entlein. Wie durch ein Wunder bekam ich die Rolle der Entenmutter. Diese klassische Geschichte des Heranwachsens erzählt die Reise eines hässlichen Ent-
leins, das vom Außenseiter schließlich zu einem prachtvollen
Schwan heranwächst.
Irgendwann trifft das Entlein auf seiner Reise einen weisen
Ochsenfrosch, der ein Lied darüber singt, dass man sich so
nehmen soll, wie man ist, selbst wenn man voller Warzen ist.
Der Frosch rät ihm, an sich zu glauben und sich zu lieben. Mit
der Zeit würden die anderen das dann auch tun.
Eine kluge Erkenntnis. Brauchen wir nicht alle einen weisen
Frosch an unserer Seite, der uns daran erinnert, dass wir gut
sind, genau so, wie wir sind? Selbsthass ist in unserer Gesell-
schaft eine weitverbreitete Seuche – schmerzhaft und unnö-
tig zugleich. Viele nach außen freundliche Menschen sind

sich selbst gegenüber überkritisch, unerbittlich und voller Hass.

Sich selbst lieben zu lernen kann ein lebenslanger Prozess sein. Diese Übung lädt uns ein, Selbsthass oder Selbstkritik ins Gegenteil umzudrehen, wir sehen uns dabei fest in die Augen und sagen uns etwas Nettes. Wir alle sind Teil dieser wunderbaren Welt und verfügen über die angeborene Fähigkeit, zu lieben und geliebt zu werden. Wir dürfen dem inneren Kritiker ruhig zuhören, müssen dann aber diese Stimme zum Schweigen bringen und akzeptieren, wer wir sind.

Für einige von uns wird dies eine weitere Möglichkeit sein, Liebe zu erleben. Wenn wir uns nicht selbst lieben, sind wir in der Fähigkeit, andere zu lieben, eingeschränkt. Der Blick in den Spiegel kann der Anlass sein, sich daran zu gewöhnen, freundlich zu sich selbst zu sein.

ZWECK: Wenn wir Selbstakzeptanz und Selbstliebe trainieren, entwickeln wir ein Gefühl für unseren Selbstwert und durchbrechen die Gewohnheit der Selbstkritik. Wenn wir diese Übung jeden Tag praktizieren, wird die Verknüpfung von negativen Gefühlen in unserem Gehirn langsam schwächer werden. Indem wir uns mit der eigenen tieferen Wahrheit verbinden, öffnen wir unser Herz für den inneren Frieden.

»Du bist mein Sonnenschein«

IMPULS: Streit mit einem geliebten Menschen.
METHODE: Summen Sie das Lied »You are my sunshine« und erinnern Sie sich daran, dass Ihre gemeinsame Zeit auf Erden begrenzt ist. Denken Sie an ein schönes Erlebnis mit diesem Menschen und ersetzen Sie damit die Wut in Ihrem Kopf.

1988 war ich Praktikantin in einer Familienberatungsstelle und saß meiner ersten Klientin gegenüber. Da ich vorher schon als Beobachterin an vielen psychoanalytischen Sitzungen teilgenommen hatte, war das nicht wirklich neu für mich, und ich war weder nervös noch ängstlich. Es ging einfach nur darum, die Fragen zu stellen, die anderen nur mit großer Überwindung über die Lippen kommen.

Es stellte sich heraus, dass diese Klientin den Tod ihrer Schwester betrauerte, die brutal ermordet worden war. Ich wusste damals noch nicht, dass Trauerbegleitung mein Spezialgebiet werden sollte und dass diesem ersten Gespräch noch Hunderte weitere folgen sollten, die den Verlust eines geliebten Menschen zum Inhalt hatten.

Ich hörte einer Frau zu, deren Mann bei der Arbeit einfach tot umgefallen war und sie mit drei kleinen Kindern allein zurückließ. Oder einem Mann, dessen Sohn auf tragische Weise bei einem furchtbaren Unfall an der Grundschule zu Tode gekommen war. Oder einer Frau, die mit ansehen musste, wie ihr Baby den Kampf gegen die Leukämie verloren hatte.

Kürzlich hatte ich eine Sitzung mit einer Frau, deren Vater plötzlich im Schlaf gestorben war. Es war bereits zehn Jahre her. Sie kam nicht damit zurecht, dass sie am Abend vor seinem Tod, sie war damals im Teenageralter, mit ihm gestritten hatte. Er hatte eine Bemerkung gemacht, dass sie mehr für die

Schule tun solle, und sie hatte ihm in der für Pubertierende typischen unverschämten Art geantwortet. Natürlich rechnete niemand damit, dass er in dieser Nacht sterben würde.

In den Jahren danach hatte sie sich wegen ihrer aggressiven, ja feindseligen Reaktion schuldig gefühlt. Sie hatte sich damit nicht nur um die Chance gebracht, sich angemessen zu verabschieden (eine häufige Klage, wenn plötzlich ein geliebter Mensch nicht mehr da ist), sondern musste auch mit der Last ihrer letzten unschönen Erinnerung leben.

Wie oft regen wir uns gerade über die Menschen auf, die wir am meisten lieben? Wäre es nicht einfach, die kleinen Dinge zu tolerieren: die nicht runtergeklappte Klobrille, die Socken auf dem Boden, das dreckige Geschirr im Wohnzimmer? Aber die Realität ist leider eine andere. Ist es nicht völlig verrückt, sich über diese Lächerlichkeiten aufzuregen, in Anbetracht der Tatsache, dass unser gemeinsames Leben so unglaublich fragil und vergänglich ist?

Als ich mit unserem ersten Kind schwanger war, sang ich ihm in meinem wachsenden Bauch immer »You are my sunshine« vor. Wir alle kennen diesen Song von Jimmie Davis und Charles Mitchell aus den 1940ern. Aber haben Sie jemals genau auf den Text geachtet? Obwohl es ein schönes Lied ist, ist es auch traurig, denn es geht um Verlust und unausgesprochene Liebe. Als ich für mein ungeborenes Kind gesungen habe, habe ich die vorletzte Zeile umgedichtet: »Du sollst immer wissen, wie sehr ich dich liebe.« Aber dass ich meinen »Sonnenschein« verlieren könnte, war einfach unvorstellbar.

Jetzt summe ich das Lied für mich als Erinnerung, dass meine Liebsten eines Tages von mir gehen werden (wenn ich nicht als Erste gehe). Und ich möchte, dass sie wissen, wie sehr ich sie liebe, selbst wenn ich mich hin und wieder über sie ärgere.

ZWECK: Es kann ein Geschenk sein, wenn wir uns bewusst machen, dass wir sterblich sind, wenn wir es dazu benutzen, präsent und dankbar zu sein und das Leben voll auszuschöpfen. Vor dem Hintergrund des Todes erkennen wir, wie unwichtig kleine Dinge sind und was unsere Beziehungen wirklich bereichern kann.

»Liebesbriefe«

IMPULS: Beim Schreiben einer To-do-Liste, eines Einkaufszettels, einer Notiz – immer wenn Sie einen Stift in der Hand halten.

METHODE: Machen Sie es sich zur Gewohnheit, jeden Tag einem Menschen eine aufmunternde Notiz zu schreiben. Ein paar Worte der Dankbarkeit oder der Wertschätzung, wie »Danke, dass du mir heute Morgen geholfen hast, die Spülmaschine auszuräumen« oder »Viel Glück bei deiner Klassenarbeit«. Heften Sie die kleinen Zettel an den Spiegel, auf die Brotbox mit dem Pausenbrot, auf den Computerbildschirm, an das Armaturenbrett, auf den Schreibtisch, oder legen Sie sie auf das Kopfkissen. Schreiben Sie für die Menschen, mit denen Sie zusammenleben, für Arbeitskollegen, Freunde und Verwandte. Verschönern Sie Ihre Umwelt mit den Zeugnissen Ihrer Zuneigung.

Ich werde nie meine erste richtige Chefin vergessen. Sie war etwa Mitte 30, aber im Gegensatz zu mir als 22-jährigem Küken kam sie mir alt und weise vor. Mit großem Geschick und unerschütterlichem Selbstvertrauen leitete sie die Abteilung einer großen PR-Firma in New York. Aber am meisten hat mich ihre wertschätzende Aufmerksamkeit gegenüber ihrer Umgebung beeindruckt.

Fast täglich schrieb sie kurze »Liebesbriefe« für ihre Kollegen, Mitarbeiter, Vorgesetzten oder Kunden. Das weiß ich, weil ich die Briefe tippte (wie haben wir das damals nur ohne Computer geschafft?). Die Nachrichten waren knapp, aber sehr freundlich:

Herzlichen Glückwunsch zu Ihrer ... Beförderung, zu Ihrem neuen Heim, Ihrer Verlobung, dem Baby.
Viel Glück für Ihr Konzert, Ihren Marathonlauf, Ihr wichtiges Spiel.

Bei der neuen Kampagne, der Pressekonferenz, der Präsentation haben Sie Hervorragendes geleistet.
Ich bin in Gedanken bei Ihnen, wenn Sie Ihr Baby adoptieren, Ihren Vater begraben, Sie im Krankenhaus sind.

Und so weiter. Außerdem hinterließ sie täglich handgeschriebene Notizen auf den Schreibtischen.

Vielleicht sind Sie der Meinung, dass meine Chefin einfach clever war und ihre Briefchen nichts anderes waren als ein kalkuliertes Motivationswerkzeug oder ein Instrument zur Leistungssteigerung. Eine Vorgehensstrategie aus dem Managerhandbuch: Motivieren Sie Ihre Angestellten regelmäßig mit Lob und Empathie, und ihre Performance steigt. Aber ich habe sie selbst erlebt und ihr zugehört, und ich weiß, dass ihre Worte von Herzen kamen. In ihren Augen lagen Wärme und Mitgefühl und keine berechnende Manipulation.

Für mich war sie ein Vorbild, an dem ich mich orientierte und das mich inspirierte. Trotzdem dauerte es Jahre, bis ich imstande war, meine Absicht umzusetzen, es ihr gleichzutun. Sind wir nicht immer zu beschäftigt für so etwas? Kostet es nicht zu viel Zeit, ein »Ich liebe Dich« auf einen Zettel zu schreiben und ihn in die Frühstücksbox zu legen? Und sind wir nicht viel zu sehr mit anderen Gedanken beschäftigt, um dem Ehepartner ein »Schön, dass Du so bist, wie Du bist« an den Spiegel zu kleben? Wissen Sie was? Um aufmerksam zu sein, braucht es nicht mehr als ein, zwei Minuten! Einen kurzen Moment der Konzentration ... wenn Sie gerade einen Stift in der Hand halten.

ZWECK: Wenn wir unser Herz öffnen, fällt es uns leichter, zu erkennen, wofür wir dankbar sein können. Wenn wir unseren Geist darin üben, uns auf die Liebe statt auf die Probleme zu konzentrieren, fühlen wir uns wohler.

»Aufstieg und Fall«

IMPULS: Wenn Sie wütend sind oder einem wütenden Menschen begegnen.

METHODE: Atmen Sie tief ein und ziehen Sie dabei die Schultern hoch in Richtung Ohren, atmen Sie langsam durch den Mund aus und lassen Sie dabei die Schultern wieder sinken. Schütteln Sie mit den Worten »Ich setze diese Energie frei« die Arme aus.

Wir mussten in einer halben Stunde zum Flughafen fahren. Mein Mann und ich flogen mit den drei Kindern zu meiner Mutter und ihrem Partner nach Virginia, wo wir lange nicht gewesen waren.

Plötzlich hörte ich einen ohrenbetäubenden Schrei meiner 17-jährigen Tochter: »Wo sind meine Jeansshorts?« Sie stand im Wäschekeller und wühlte den Kleiderstapel durch. Dann stürmte sie die Treppe hoch: »Mom, meine Shorts sind weg, und du bist schuld!« Obwohl ich wusste, dass Logik in diesem Moment fehl am Platze war, fühlte ich mich verpflichtet, ihr zu erklären, dass ich nicht schuld war und ihre Shorts nicht einmal gesehen hatte.

Bisweilen geraten Jugendliche in einen kompletten Ausnahmezustand (das trifft von Zeit zu Zeit auch auf Erwachsene zu, zugegeben). Das war ein solcher.

Meine Reaktion hatte das Fass zum Überlaufen gebracht, und meine fast schon erwachsene Tochter rannte heulend in ihr Zimmer wie eine beleidigte Fünfjährige: »Ich verlasse dieses Haus nicht ohne meine Shorts!« Ich ging ihr nach, um mich einem Trommelfeuer aus wirren Gedanken auszusetzen, gepaart mit Tränen und Weltuntergangsstimmung. Ich wurde wütend und antwortete: »Oh doch!« Dann setzte ich noch einen drauf: »Du fliegst mit uns, Ende der Diskussion. Wir fahren in 20 Minuten!«

Mit wild klopfendem Herzen ging ich wieder nach unten und spürte, wie das Adrenalin durch meinen Körper rauschte. Meine Ruhe war dahin. Ich atmete tief ein, hob meine Schultern nach oben und ließ sie mit dem Ausatmen wieder sinken. Nach und nach begann ich mich zu entspannen. Mir wurde klar, dass es besser war, die aggressive Energie meiner Tochter wahrzunehmen, sie aber nicht zu absorbieren.

Ich ging in ihr Zimmer zurück und sagte, es tue mir sehr leid – dass sie ihre Shorts nicht finden könne. Wenn sie ihre Shorts nicht finde, müsse sie natürlich nicht mitfahren. Aber sie müsse natürlich ihre Großmutter anrufen und ihr erklären, dass sie nicht kommen könne, weil sie ihre ... Shorts nicht finde. Bei diesem Satz schlich sich ein Lächeln auf ihr Gesicht.

Resigniert packte sie ihren Koffer. Es dauerte aber eine Weile, bis sie sich beruhigt hatte. Selbst der Sicherheitsbeamte am Flughafen registrierte ihre schlechte Laune und meinte: »Du hast wohl einen schlechten Tag, was?«

Und ich? Mir ging es sehr viel besser, nachdem ich mich von der Wut befreit hatte.

ZWECK: Wenn wir aggressive Energie in uns aufnehmen, können wir nicht mehr klar denken. Wir geraten in den Teufelskreis von Gegenwehr, Widerstand, bis hin zu möglicher Gewalt. Wenn wir stattdessen innehalten und bewusst alles Negative abstreifen, entwickeln wir eine gesündere Strategie, mit Wut umzugehen. Wir besinnen uns auf unseren inneren Frieden zurück.

»Hochkochen und abkühlen«

IMPULS: Wenn Ihre »Sicherungen durchbrennen« und Sie wütend werden, vielleicht sogar in Tränen ausbrechen.

METHODE: Entschuldigen Sie sich und suchen Sie nach dem nächsten Ort, an dem Wasser fließt. Es kann ein Wasserhahn sein, es genügt aber auch eine Flasche mit kaltem Wasser. Spritzen Sie sich Wasser ins Gesicht, wenn möglich, legen Sie sich noch ein nasses Tuch in den Nacken oder aufs Gesicht, um sich »abzukühlen«. Stellen Sie sich dabei vor, dass die Flammen Ihrer auflodernden Wut verlöschen.

Nach 16 Jahren Ehe ließen sich mein Mann und ich scheiden. Wie so viele andere Menschen hatte ich nie daran gedacht, mich einmal scheiden zu lassen, nachdem ich mit 25 »Ja, ich will« gesagt hatte. Und trotzdem war es dazu gekommen.

Jeder prophezeite mir, ein »Krieg« sei unvermeidbar. Freunde, die diese Erfahrung schon gemacht hatten, empfahlen mir, einen ganz harten Hund als Anwalt zu nehmen, um mich selbst zu schützen. Andere wiederum warnten meinen zukünftigen Ex-Mann, dass ich ihn bis auf die Unterhosen ausziehen würde. Aber wir entschieden uns anders, wussten wir doch, dass solche Verhaltensweisen nicht nur erniedrigend für uns selbst wären, sondern auch unseren drei Kindern schaden würden. Deshalb engagierte ich einen gemeinsamen Anwalt für uns beide und versuchte alles, um den Prozess in Freundschaft und Fairness abzuwickeln.

Aber ein guter Anwalt bedeutet nicht, dass man nicht auch bei sich selbst die richtigen Knöpfe drücken muss.

An einem brütend heißen Sommertag saß ich in meinem Appartement und telefonierte mit meinem zukünftigen Ex-Mann. Es ging dabei um so »einfache« Fragen wie Sorgerecht, Finanzen und verletzte Gefühle. Scharfe Worte fielen, emotionale Tief-schläge wurden ausgeteilt, und die Wogen schlugen hoch. In der Rückschau kann ich mich an Details gar nicht mehr erinnern. Ich weiß nur, dass er etwas sagte, das mich wütend machte, und ich zurückschlug, und das Unheil nahm seinen Lauf.

Im Verlauf des Gesprächs wurde mir immer heißer, ich geriet sprichwörtlich in Wallung. Ich schlug vor, dass wir es später noch einmal versuchen sollten, da in der aufgeheizten Atmo-sphäre ohnehin keine Lösung möglich sei. Er war einverstan-den, und wir beendeten das Telefonat. Es war so was von heiß! Mir wurde regelrecht schwindlig, und ich begann zu weinen. Dann wurde alles noch schlimmer.

Ich muss dazu sagen, dass ich an einer seltenen Störung na-mens Anhidrose leide, was bedeutet, dass ich nicht schwitze. Das klingt etwas seltsam, und die einzige andere davon Be-troffene, die ich kenne, ist meine Schwester. Diese Störung bedeutet aber auch, dass man überhitzt und den Körper nicht normal abkühlen kann. Wenn einem heiß wird, hat man ein Problem! Für mich funktioniert in dieser Situation nur ein ein-ziges Gegenmittel, und das ist kaltes Wasser. Und zwar reich-lich und schnell.

Ich ging deshalb ins Bad und schüttete mir kaltes Wasser ins Gesicht, hielt einen Waschlappen ins Wasser, wrang ihn aus und legte ihn mir übers Gesicht, bis mir kühler wurde. Dabei bemerkte ich, dass der Waschlappen nicht nur meine Körper-temperatur senkte, sondern dass auch meine Aufregung lang-sam nachließ. Ich fühlte mich ruhiger und irgendwie getröstet, denn mir fiel plötzlich ein, dass mir meine Mutter in meiner Kindheit immer eine kühle Kompresse auf die Stirn gelegt hat-te, wenn ich Fieber hatte. Der Waschlappen war für mich das Signal »alles wird gut« und »alles geht vorbei«.

ZWECK: Wenn wir im Laufe eines emotionalen Gesprächs zu stark stimuliert werden, ist die Gefahr groß, dass uns unsere Gefühle überrennen. Wut und Ärger führen zu psychischen und physischen »Überschwemmungen«. Eine kurze Atempause hilft uns, uns unserer Gefühle bewusst zu werden, unsere Gedanken zu ordnen und den Stress auf der körperlichen Ebene abzubauen. Kaltes Wasser vermittelt dem Körper ein Gefühl der Entspannung, das sich auf Geist und Verstand überträgt. Geben Sie dem kalten Wasser die Möglichkeit, Sie daran zu erinnern, dass Frieden immer möglich ist, selbst mitten im Sturm.

»Richtig abbiegen«

IMPULS: Wenn Sie sich von negativer Energie bedroht fühlen.
METHODE: Stellen Sie sich vor Ihrem inneren Auge ein »Vorfahrt gewähren«-Schild vor. Atmen Sie tief ein und langsam aus. Versuchen Sie ganz ruhig und gelassen zu sein. Während Sie Ihren Widerstand aufgeben, sagen Sie: »Ich bin ganz Ihrer Meinung«, oder, falls das nicht möglich ist, versuchen Sie es mit »Ich kann Ihre Sicht der Dinge nachvollziehen«.

Es war ein herrlicher Frühlingsnachmittag in New England, einer dieser wunderbaren ersten warmen Tage, die sich nach einem nicht enden wollenden dunklen Winter wie der Himmel auf Erden anfühlen. Die blassgrünen Knospen an den Zweigen der Bäume platzten auf, und ich fühlte mich durchdrungen von der Wiedergeburt der Natur.

Ich saß in meinem Auto, erfüllt vom Optimismus des Frühlings, und schrieb in Gedanken einen Einkaufszettel. Ich fuhr auf einen freien Parkplatz vor dem Supermarkt zu, aber nein, da war noch einer in der nächsten Reihe, der war näher am Eingang, ich bog ein ... ach, doch lieber den etwas weiter entfernten nehmen und noch ein paar Schritte laufen.

Zack! Eine braunhaarige Frau mittleren Alters drohte mir wütend mit der Faust. Zugegeben, ich war nicht gerade vorausschauend in meiner Fahrweise, vielleicht hatte ich das verdient. Oder sie hatte einen schlechten Tag.

Ich betrat den Supermarkt, ohne mich weiter um die Frau zu kümmern. In Gedanken war ich längst bei dem bevorstehenden Einkauf. Irgendwo in der Obst-und-Gemüseabteilung, zwischen Bananen und Brokkoli, kam sie wütend auf mich zugeschossen und begann mich wegen meiner »beschissenen« Fahrweise zu beschimpfen. Sie hätte die Polizei holen sollen, damit sie mir für mein rücksichtsloses Verhalten einen Strafzettel erteilt, ich hätte ja jemanden umbringen können.

Ich muss sagen, dass ich noch *nie zuvor* von einem fremden Menschen in der Öffentlichkeit beschimpft worden bin (von einem Freund übrigens auch nicht). Ich spürte, wie mein Herz zu rasen begann und das Adrenalin durch meinen Körper schoss. Ich sah mich um, ob mir irgendjemand zu Hilfe kommen könnte. Niemand. Wie war es möglich, dass eine Obstund-Gemüseabteilung so leer ist?

Ich fühlte das dringende Bedürfnis, mich zu verteidigen und verbal zurückzuschlagen. Mir lagen bereits aggressive Antworten auf der Zunge: »Sie alte Hexe! Wie können Sie es wagen! Was haben Sie eigentlich für ein Problem? Was glauben Sie, wer Sie sind?« Es wäre so einfach gewesen, ihrer Aggression mit meiner Aggression zu begegnen und die Situation eskalieren zu lassen.

Aber an diesem Tag war etwas anders. An diesem Tag lernte ich die Macht des Nicht-Angreifens kennen und antwortete ganz einfach: »Sie haben recht. Ich sollte beim Fahren aufmerksamer sein.«

Stille.

Sie sah verblüfft aus. Die aggressive Energie wich aus ihr, wie ein Ballon, der seine Luft verliert. Eine Weile stand sie da und wusste nicht, was sie tun sollte. »Nun ja ... also, dann ... passen Sie das nächste Mal besser auf«, stammelte sie schließlich. Verwirrt wandte sie sich ab und verschwand. Und wieder spürte ich den Frühling in der Luft.

ZWECK: Wenn wir aggressiver Energie mit noch mehr aggressiver Energie begegnen, kann die Situation nur eskalieren. Wütende Menschen sind oft verletzt, ängstlich oder suchen verzweifelt nach Gehör. Die Aggression, die sich gegen uns richtet, ist eine Reaktion auf die Aggression, die wir ausstrahlen. Und wenn wir den Fehdehandschuh aufheben, geraten wir mit in den Teufelskreis. Wenn wir aber Zustimmung oder Verständnis anbieten, verpufft ihre aggressive Energie, und wir sind frei. Eine friedliche Antwort bereinigt die aufgeladene Atmosphäre.

»Win-win«

IMPULS: Wenn Sie sich gierig, blockiert, stur oder egoistisch fühlen.

METHODE: Entspannen Sie die Schultern und atmen Sie gleichmäßig ein. Sagen Sie dabei: »Wenn ich etwas gebe, bekomme ich etwas zurück.« Atmen Sie langsam aus und sagen Sie: »Wenn ich etwas bekomme, gebe ich etwas zurück.«

»Höre ich ein Eröffnungsgebot? Zehn Dollar?« Der Auktionator ließ seinen Blick über das Publikum schweifen und bemerkte mein Kartonschild mit der Bieternummer. »Zehn Dollar sind geboten, höre ich 20 Dollar?« Eine grauhaarige Dame mit einem strahlenden Lächeln, die zufällig eine Bekannte von mir war, hob ihr Schild.

Wir befanden uns bei einer Benefizveranstaltung. Das Objekt, das hier versteigert wurde, war eine wunderschöne handgefertigte Keramikdose mit Deckel, die auf 100 Dollar geschätzt worden war. Viele Gegenstände auf dieser Auktion wurden für Spottbeträge versteigert, der Auktionator musste sich richtig ins Zeug legen. Aber an dieser Dose waren sowohl ich als auch meine Bekannte interessiert.

Der Auktionator, der unser kleines Bieterscharmützel sichtlich genoss, rief: »80 Dollar ... wir haben 80 Dollar ... höre ich 100?« Nein, das überstieg mein Budget, ich ließ mein Schild sinken. Widerwillig gab ich mich geschlagen. »Verkauft! An die Dame mit der Nummer 57.«

Nach der Auktion ging ich zu meiner Bekannten und sagte: »Glückwunsch. Ein wirklich einzigartiges Stück, einfach wunderschön.« Sie wandte sich um, sah mir in die Augen und sagte freundlich lächelnd: »Ich möchte, dass Sie die Dose bekommen, ich schenke sie Ihnen.« Sie drückte mir das Objekt der Begierde in die Hand, und ich stammelte: »Wie bitte? ... Ich ... Ich kann unmöglich ...«

»Dann schenken Sie mir doch Ihr Ja.«

Ich war sprachlos. Bei einer solch selbstlosen Großzügigkeit fehlten mir die Worte. Ich fragte mich, ob ich selbst jemals ihrem Beispiel folgen und ebenso handeln könnte.

Etwa ein Jahr später war ich mit meinem Mann am Strand in New Hampshire, wir durchsuchten den Sand nach abgeschliffenen Glasscherben (unsere Lieblingsbeschäftigung). Daniel ist ein Meistersucher und entdeckt immer wahre Schätze. Damals fand er ein ganz besonders seltenes Stück, eine weiße Scherbe in Herzform. Sie war wunderschön.

Als wir weitergingen, trafen wir zwei Freundinnen, die ich schon lange nicht gesehen hatte. Wir unterhielten uns eine Weile über einen gemeinsamen Freund, sprachen über das herrliche Spätsommerwetter, und dann fragten sie, wonach wir suchten (es ist für andere ein Rätsel, warum Glasscherbensucher ständig nach unten auf den Sand statt auf die atemberaubende Meerlandschaft starren). Ich zeigte ihnen einige Fundstücke.

Die eine schwärmte: »Schau dir das an! Das ist ja ein perfektes Herz! Ich sammle Steine in Herzform aus aller Welt!«

Plötzlich erinnerte ich mich an die Benefizveranstaltung und spürte, dass mich etwas drängte, ihr diese Glasscherbe zu schenken. »Möchtest du sie haben?«, fragte ich.

Sie antwortete: »Wie? ... Nein, nein.«

»Ich möchte aber, dass du das Geschenk annimmst ... und mir dein Ja schenkst«, war meine Antwort.

Ich hatte es getan. Und es war gar nicht so schwer. Tatsächlich bekommt man genauso viel zurück, wie man verschenkt. Und wenn man ein Geschenk annimmt, dann gibt man damit auch etwas. Buddhisten glauben, dass das Anhaften an Dingen oder

Wesen die Ursache möglichen Leidens ist. Großzügig zu sein bedeutet, den Schlüssel zu einem selbstgebauten Gefängnis zu finden.

ZWECK: Manchmal ist gerade der Moment, in dem wir uns besonders bedürftig und habgierig fühlen, der beste, um einem anderen Menschen etwas zu schenken (Aufmerksamkeit, Zustimmung, Zeit, Präsenz). Jemandem etwas zu schenken öffnet unsere Herzen und besänftigt unseren Widerstand gegenüber anderen. Großzügigkeit wirkt in Beziehungen wie ein Verstärker, wie eine »Liebesdusche«. Gleichzeitig ist aber auch das dankbare Annehmen ein Geschenk für den Gebenden. Diese Übung erinnert uns daran, dass Schenken eine Win-win-Situation ist, bei der beide Akteure wohlwollende Energie austauschen.

»Stoffpuppe«

IMPULS: Ein stressiger Abend mit den Kindern.

METHODE: Machen Sie bewusst eine Pause: Gehen Sie in ein Zimmer, in dem Sie ungestört sind, und lassen Sie Ihren Oberkörper nach vorne sinken wie eine Stoffpuppe. Wenn es Ihnen möglich ist, berühren Sie mit den Fingerspitzen die Zehen. Verweilen Sie einen Moment in dieser Position und gehen Sie dann in die Knie, den Oberkörper weiter nach unten gebeugt, als ob Sie einen Purzelbaum machen möchten. Entspannen Sie sich und stellen Sie sich vor, die Situation aus der Vogelperspektive zu betrachten, sozusagen vom Himmel herab. Werden Sie sich nun bewusst, wie wertvoll jede Sekunde dieser Lebensphase ist, in der Gewissheit, dass in ein paar Jahren alles anders sein wird.

Als meine Kinder fünf, drei und eins waren, war ich Vollzeitmutter. Ein Kind in Windeln, eins im Kindergarten und eines in der Vorschule bedeutete Arbeit ohne Ende, 24 Stunden am Tag, sieben Tage die Woche. Und ich liebte dieses Leben. Alles, was ich tat, hatte einen Sinn.

Eines Abends traf ich bei einer Gemeindeveranstaltung eine Freundin, deren Sohn gerade mit dem College begonnen hatte und nicht mehr zu Hause wohnte. Nachdem sie mich und meine Kinder, die sich um meine Beine drängten, lange und intensiv beobachtet hatte, sagte sie: »Es geht so schnell. Genieße jeden Tag, denn eines nicht mehr fernen Tages, noch bevor du dir dessen bewusst wirst, sind sie weg.«

»Ich weiß«, scherzte ich, »und ich gebe mir Mühe.« Aber ehrlich gesagt konnte ich es mir einfach nicht vorstellen. Insgeheim dachte ich, es wird nie passieren. Eine seltsame Situation. Und auch wenn andere bestätigten, dass die Zeit mit Kindern nur so verfliegt, mir kamen die Tage damals endlos lang vor. Ich war mir sicher, dass meine kleinen Wonneproppen niemals erwachsen werden würden. Da ich rund um die Uhr mit ihnen zusammen war, blieb mir verborgen, wie schnell sie sich veränderten, wie sie heranwuchsen, jeden Tag ein kleines Stück. Ihre Kindheit kam mir endlos vor.

Aber natürlich wurden sie größer, und einer nach dem anderen verlässt jetzt das Haus, genau wie meine Freundin es vorausgesagt hatte.

In meiner Highschool-Zeit spielte ich die Rolle der Mrs. Webb in »Unsere kleine Stadt«, dem berühmten Theaterstück von Thornton Wilder. Während der Geburt ihres zweiten Kindes stirbt Mrs. Webb, doch im dritten Akt hat sie die Chance, noch einmal einen beliebigen Tag ihres Lebens zu erleben. Sie wählt ihren zwölften Geburtstag. Als sie wieder auf die Erde kommt, erkennt sie, wie nichtig die Dinge sind, mit denen sich die Lebenden befassen, und dass sie die Wunder um sich herum gar nicht wahrnehmen. Verzweifelt kehrt sie ins Totenreich zurück.

Haben wir nicht alle einen Hang dazu, achtlos durchs Leben zu gehen, ohne das Zusammensein mit den Kindern wirklich zu genießen? Ist es oft nicht nur eine einzige, zur Routine gewordene Hetzerei? Jeden Abend gemeinsam essen, Korrektur der Hausaufgaben und danach ab ins Bett? Um dann selbst erschöpft ins Bett zu fallen? Halten wir in unserem Alltag jemals inne, um das Geschenk, mit Kindern leben zu dürfen, wertzuschätzen, anstatt uns sehnsüchtig an die guten alten Zeiten zurückzuerinnern, wenn sie längst vergangen sind?

Egal, ob es um die Kinder oder um das Leben insgesamt geht: Nichts ist von Dauer. Das Leben, das Sie jetzt leben, verändert sich ständig, ohne dass Sie es bemerken. Stellen Sie es sich wie ein Stück Kuchen vor, das ständig kleiner wird. Nehmen Sie wahr, wie gut jeder einzelne Krümel schmeckt ... und lassen Sie los, wenn es Zeit dafür ist.

ZWECK: Indem wir im Wirbelsturm des Lebens einen Augenblick lang innehalten, eröffnen sich neue Perspektiven. Wir können die nötige Distanz gewinnen, um unsere Lebensumstände mit anderen Augen zu sehen. Diese Übung hilft uns, aufzuwachen und den Reichtum des Lebens zu erkennen. »Das Leben genießen, jeden Moment bewusst wahrnehmen und dann loslassen« ist ein gutes Rezept für inneren Frieden.

»Die Balance finden«

IMPULS: Wenn Ihnen jemand ein Kompliment macht oder wenn Sie kritisiert werden.

METHODE: Nachdem man Ihnen ein Kompliment gemacht hat oder Sie mit einer negativen Kritik konfrontiert wurden, strecken Sie Ihre Hände in Brusthöhe vor sich aus, die Handflächen nach oben. Halten Sie ein gutes Feedback in der einen und ein schlechtes in der anderen Hand und wiegen Sie die beiden gegeneinander ab, wie auf einer Waage. Lassen Sie eine Hand nach unten sinken, als hätten Sie darin tatsächlich ein Gewicht, lassen Sie das Gewicht dann los und kehren zum Ausgangspunkt zurück. Versuchen Sie das Gleiche mit der anderen Hand. Sagen Sie sich dabei: »Ich bin mehr als nur die Meinung der anderen.«

Ich war einmal bei einem spirituellen Vortrag, und der redegewandte Dozent erklärte seinen Zuhörern, dass es drei elementar wichtige Dinge gibt, die wir *nicht* sind:

1. Wir sind *nicht,* was wir tun, weder im Alltag noch im Beruf.
2. Wir sind *nicht,* was wir besitzen, nichts von dem, was wir anhäufen, sei es auch noch so wertvoll oder extravagant.
3. Wir sind *nicht,* was die anderen über uns sagen, weder im positiven noch im negativen Sinne.

Dieser Vortrag öffnete mir die Augen, denn die meisten Menschen verhalten sich exakt nach diesem Muster: Unsere Identität hängt davon ab, was wir tun, was wir haben und was andere über uns denken.

Gerade an den dritten Punkt muss ich oft denken, denn mein

Beruf gibt anderen häufig Gelegenheit, mich zu loben oder zu kritisieren. Als Autorin stelle ich mich dem Urteil meiner Leser, die sich positiv oder negativ über meine Veröffentlichungen äußern können. Nach Vorträgen, besonders bei berufsbezogenen Workshops, bekomme ich regelmäßig Evaluationsbögen, in denen die Meinung der Teilnehmer über mich dokumentiert wird.

Aus Erfahrung weiß ich, wie sehr mein Selbstwertgefühl von der Meinung anderer abhängt. Himmelhoch jauchzend, wenn ich gelobt werde, zu Tode betrübt, wenn man mich kritisiert. Gelingt es mir stattdessen, mit beiden Beinen auf dem Boden zu bleiben und zu spüren, dass Urteile von außen mich weder zur Heldin noch zur Versagerin machen, bin ich auf dem richtigen Weg, die Balance zu finden.

Ich, und zwar ich ganz allein, habe die Macht, die beiden Waagschalen ins Gleichgewicht zu bringen. Das heißt, meine Gedanken haben diese Macht. Ich kann eine Kritik anhören und mir sagen: »Sie haben recht, das war nicht gut.« Oder aber: »Ihre Meinung betrifft nur eine Facette meiner Persönlichkeit.« Aber auch bei Lob gilt es, vorsichtig zu sein: Meine Identität sollte nicht von positiver Kritik abhängen. Sowohl positiven als auch negativen Meinungen mit Gelassenheit zu begegnen macht frei und ist die Basis für inneren Frieden.

ZWECK: Indem wir Gelassenheit üben, verankern wir uns tiefer in unserem inneren Selbst. Die Meinung anderer kann uns dann nicht so leicht aus der Bahn werfen. Andernfalls sind wir ein Spielball der Interessen unserer Umwelt. Durch diese Übung entwickeln wir innere Stärke, die zu innerem Frieden führt.

»Durchlässig bleiben«

IMPULS: In einer qualvoll engen Umgebung oder einer bedrohlichen Situation.

METHODE: Atmen Sie tief ein und stellen Sie sich vor, Sie verwandeln sich in einen durchlässigen Stoff, ein Netz oder ein grobes Gewebe, und lassen den Fluss des Lebens, alle Bilder und alle Geräusche, durch sich hindurchfließen. Atmen Sie langsam aus und beobachten Sie die Beleidigungen und aggressiven Beschimpfungen, die Blicke und Gefühle, die durch Sie hindurch und um Sie herum fließen, die Sie aber nicht berühren.

Vor einigen Jahren war ich in einem Vergnügungspark in Tennessee, zusammen mit meiner Mutter, meiner Schwester und fünf Kindern. Es war ein herrlicher Sommertag, und wie erwartet war dort viel Betrieb. Das gut gepflegte Gelände war weitläufig, trotzdem herrschte *überall* erdrückende Enge.

Lange Schlangen überall: vor den Restaurants, den Fahrgeschäften, den Schaltern für Ermäßigungskarten, den Souvenirshops. Allmählich wurde ich nervös. Seitdem ich aus New York weggezogen war (wo ich sieben Jahre gewohnt hatte), hatte ich eine regelrechte »Schlangenphobie« entwickelt. Dort hatten Menschenmassen zum Alltag gehört: auf den Bahnsteigen der U-Bahn, in der Kaffeebar, in den Supermärkten. Mein Potenzial Geduld fürs Schlangestehen war verbraucht.

Und so standen wir mitten in der prallen Sonne in der Schlange für die Kinder-Achterbahn, und ich schloss meine Augen. Meine Mutter fragte besorgt: »Alles okay?« Ich antwortete: »Alles gut. Ich errichte gerade eine Mauer um mich herum, um den Krach und die Reizüberflutung von mir abzuhalten.« Ich stellte mir vor, innerhalb einer Burgmauer zu sein, geschützt vor allen Gefahren. Nach einer Weile erkundigte sich meine Mutter, ob es geholfen habe. »Das kann ich gar nicht sagen«, antwortete ich, »es war so anstrengend, dass ich jetzt noch erschöpfter bin.«

Wir bewältigten das Schlangestehen, wir überstanden den Tag und kehrten mit zuckerwatteverklebten, aber lächelnden Mündern wieder ins Hotel zurück. Als ich meiner besten Freundin später davon erzählte, sagte sie: »Du solltest keinen Schutzwall um dich herum errichten, das blockiert dich nur. Du steckst deine gesamte Energie in den Widerstand. Besser wäre es, die Energie durch dich hindurchfließen zu lassen, wie durch ein Seihtuch.«

»Was zum Teufel ist ein Seihtuch?«, fragte ich mich.

Ein solches Tuch ist mir wahrscheinlich noch nie unter die Augen gekommen, aber ich habe verstanden, was sie meinte: Alles, was mich zu überfluten droht, Lärm, Stress, Chaos, einfach alles durch mich hindurchfließen zu lassen. Seitdem benutze ich dieses Bild, und ich kann sagen, dass die »Seihtuchtechnik« effektiver ist als ein Schutzwall. Wenn ich die Realität akzeptiere, wenn ich die mich bedrohenden Reize durch mich hindurchfließen lasse, beginne ich mich zu entspannen und werde eins mit meiner Umwelt. Schließlich sind wir alle miteinander verbunden.

ZWECK: Indem wir Reizüberflutungen und negativer Energie ohne Widerstand begegnen, durchbrechen wir die Grenze zwischen dem Selbst und den anderen. Die Energie fließt durch uns hindurch, haftet aber nicht an. Unser Gehirn lernt die Fähigkeit, nicht reagieren zu müssen, einfach gelassen zu bleiben, bereit, den Frieden in sich aufzunehmen.

Die fünf Sinne im Fokus

Übungen, um achtsamer durchs Leben zu gehen

Mit 46 hatte ich das Glück, ein zweites Mal zu heiraten. Und damit nicht genug: Die Hochzeitsreise mit meinem wunderbaren Mann ging nach Bali, womit ein Lebenstraum in Erfüllung ging (der Lebenstraum einer Mittvierzigerin!). Wahnsinnig verliebt, genossen wir unser Leben in einem tropischen Paradies.

Und wir genossen das Leben ... rauchend. Ja, ich weiß, das ist eine Gewohnheit, die der Gesundheit sehr schaden kann, und ich dulde sie normalerweise nicht. Aber zum leicht dekadenten und müßiggängerischen Lebenswandel Südostasiens gehört das nachmittägliche Rauchen einfach dazu. Ein besonderer Genuss sind Nelkenzigaretten aus Indonesien, die mit Aromen wie Mokka, Espresso und Cappuccino verfeinert sind. Ein Gefühl wie bei Starbucks.

Wir ließen uns mitreißen, weil das Rauchen hier einfach dazugehört, egal, ob im Restaurant, in Bars oder auf öffentlichen Plätzen. Ich entdeckte eine mit Zucker bestreute Nelkenzigarette, die einfach köstlich war. Ein Teil der Faszination lag sicher darin, dass alle fünf Sinne bei diesem Geschmackserlebnis beteiligt waren: Der Zucker machte die Zigarette süß, das Aroma der Nelken war betörend, das Gefühl zwischen meinen Fingern weich und zart, das Knistern des Tabaks klang wie ein fernes Lagerfeuer, die glimmende Glut und der tanzende Rauch faszinierten mich.

Rauchen fühlte sich gemütlich ... entspannend ... friedlich an. Eine Pause im Alltag, etwas Stille für meinen ruhelosen Geist.

Damit wir uns richtig verstehen: Ich weiß sehr genau, wie eine Abhängigkeit beginnt. Zum Glück flog unsere neue Gewohnheit nicht mit in die USA zurück, aber vielleicht bin ich auch nur jemand, der das Rauchen mit der Flucht vor dem kalten Winter in New England in die Sonne verbindet.

Was ich aber mit nach Hause gebracht hatte, war die Erkenntnis, wie groß die Macht der Sinne als Türöffner zum inneren Frieden ist. Unsere fünf Sinne sind sozusagen vor unserer »Nase«, aber wir bemerken sie oft nicht.

Dabei gibt es unzählige Gelegenheiten, bewusst zu sehen, zu hören, zu fühlen, zu riechen und zu schmecken. Wir müssen sie nur beim Schopfe packen und lange genug innehalten, um sie auch wahrzunehmen. Und wenn wir regelmäßig üben, die Sinneseindrücke zu erleben, dann sensibilisieren wir damit unser Gehirn, bis diese Strategie, zum inneren Frieden zu finden, schließlich wie selbstverständlich zu unserem Alltag gehört.

Bei den zehn Übungen in diesem Kapitel (jeweils zwei für jeden der fünf Sinne) geht es immer um Achtsamkeit. Achtsamkeit ist die elementare Voraussetzung, um ganz im Hier und Jetzt zu sein und das Leben bewusst wahrzunehmen, ohne es jedoch zu bewerten. Wir sind wach und präsent, und auf wundersame Weise helfen uns die fünf Sinne, diesen Zustand zu erreichen und dort zu verweilen.

Indem man die Sinne ins Rampenlicht rückt, wird der Körper aktiviert, der Verstand beruhigt und der Geist bereichert. Lassen Sie sich durch Ihre Sinne leiten, um das Leben zu feiern, und genießen Sie! Erlauben Sie Ihren Sinnen, Ihnen die Tür zu einem tieferen Erleben des inneren Friedens zu öffnen.

»Fühlkiste«

IMPULS: Anspannung oder Überlastung.

HILFSMITTEL: Sammeln Sie wahllos alles, was Sie beim Spazierengehen finden, und legen Sie es in eine kleine Kiste. Es können zum Beispiel Muscheln, abgeschliffene Glasscherben, rauhe und glatte Steine, Eicheln, Stöckchen, Haselnüsse oder Kiefernzapfen sein. Das ist Ihre »Fühlkiste«.

METHODE: Nehmen Sie sich einen Augenblick Zeit und befühlen Sie jeden Gegenstand. Ertasten Sie nach und nach die Details, fühlen Sie die Beschaffenheit der Oberfläche, reiben Sie ihn an Ihrer Wange. Denken Sie daran, woher er kommt und wie er wachsen oder entstehen konnte.

Als ich 1997 an die Küste New Hampshires zog, war ich glücklich, so nahe am Ozean leben zu dürfen. Jedes Mal, wenn ich an den Strand fuhr (was nur etwa drei Minuten dauerte), fühlte ich mich wie im Märchen. Ich hatte noch nie am Meer gewohnt und konnte mein Glück kaum fassen. Obwohl ich eigentlich den Aufenthalt im Schatten der prallen Sonne vorziehe, war es ein Geschenk für mich, dass der Strand so nahe war. In meinem neuen Wohnort gab es das Seacoast Science Center, ein Museum im Odiorne Point State Park. Dort wurden zahlreiche Programme zur Naturerfahrung angeboten, es gab interaktive Ausstellungen, Sommercamps, Lesungen und eine liebevoll gepflegte »Fühlkiste« in einem Gezeitenbecken. Als meine Kinder noch nicht in die Schule gingen, waren wir oft dort, sie liebten es, die Schätze des Meeres berühren zu können. Wenn sie ihre Finger in das Salzwasser tauchten, konnten sie Muscheln, Strandschnecken, Seeigel, Seeanemonen und Seepocken erspüren. Aber der größte Schatz war ein Seestern inmitten eines Nests aus Seegras. Meine Kinder quietschten vor Vergnügen, nahmen ihren Fund heraus und hielten ihn ins Licht, woraufhin freundliche Aufseher sie darauf hinwiesen, dass der Seestern besser *im* Wasser aufgehoben ist.

Stundenlang streichelten sie zarte Flechten, näherten sich vorsichtig den Einsiedlerkrebsen und wagten sich sogar an die Nacktschnecken heran. Nur äußerst widerwillig verließen sie mit schrumpeligen Fingern den wunderbaren Ort und fragten: »Mom, können wir einen Seestern als Haustier haben?«

Ich erinnere mich ebenso gerne an ein unvergessliches Erlebnis in einem Restaurant. Wir setzten uns an den Tisch und entdeckten zwischen Besteck und Servietten drei kleine Steine. Als der Kellner kam, um unsere Getränkewünsche aufzunehmen, fragte ich ihn: »Warum liegen hier Steine auf jedem Tisch?« Er zwinkerte mit den Augen und antwortete lächelnd: »Wir glauben, dass Essen alle Sinne ansprechen sollte. Und da gehört auch das Tasten dazu.« Und tatsächlich befühlten wir an diesem Abend immer wieder die Steine und genossen das sehr.

Sammeln Sie die Schätze der Natur, wo immer Sie welche finden, und genießen Sie das Tasterlebnis.

ZWECK: Indem wir das Glücksgefühl erleben, Gegenstände aus der Natur unter den Fingerspitzen zu spüren, erden wir uns im Hier und Jetzt und lenken unsere ängstlichen, erschöpften Gedanken in eine andere Richtung. Sich mit der Natur zu verbinden öffnet unsere Herzen für das große Ganze, von dem jeder Einzelne ein winziger Teil ist.

»Eine helfende Hand«

IMPULS: Bei Angst oder Stress.

METHODE: Legen Sie eine Hand flach auf Ihren Brustkorb, die andere auf den Bauch. Üben Sie leichten Druck aus, atmen Sie tief in den Bauch ein, und während Sie langsam ausatmen, reiben Sie sanft kreisförmig über den Brustkorb.

Gerne erinnere ich mich an das Singen in einer A-cappella-Gruppe während meiner Collegezeit. Wir waren zehn Frauen, die sich mehrmals die Woche zum Proben trafen, um komplexe Chorstücke zu üben und sie dann bei Festen, Konzerten und anderen Gelegenheiten vorzutragen. Es war phantastisch!

In meinem Abschlussjahr flogen wir von Massachusetts zu Konzerten nach Kalifornien, wo wir mit dem Bus von Stadt zu Stadt tourten. Wir sangen in Gemeindesälen, Einkaufszentren und Altenheimen. In einem Studio nahmen wir sogar ein Album auf, und ich hatte ein Solo in »California Dreamin'«.

Ich war wahnsinnig aufgeregt! Ich trug Kopfhörer und sang in ein Mikrophon, genau wie die Sänger in Filmen. Aber es gab ein Problem. Ich bekam panische Angst. Als wir zu singen begannen, fing mein Körper an zu zittern. Zunächst ging alles noch gut, bis wir zu meiner Zeile kamen. Jedes Mal, wenn ich das »Ca« von »California Dreamin'« ansetzte, brach mir die Stimme weg.

Wir versuchten es wieder. Mit dem gleichen Ergebnis. Kurz vor besagter Stelle begann mein Herz zu rasen, und meine Handflächen begannen zu kribbeln. Wieder das »Ca«, und meine Stimme versagte. Was war da los? Das war mir noch nie passiert, weder in der Probe noch bei einem Konzert. Mir wurde schwindlig, und meine Chorfreundinnen brachten mich zu einer Couch im Studio, damit ich mich hinlegen konnte.

Obwohl ich damals noch nichts über Panikattacken wusste, war es genau das, was in diesem Moment mit mir vorging. Ich hatte keine Ahnung, was ich machen sollte ... ich war den Tränen nahe und konnte nicht mehr richtig durchatmen. Dann sagte eine meiner Mitsängerinnen: »Wenn ich als kleines Kind einen Wutanfall bekam, legte meine Mutter immer eine Hand auf meinen oberen Brustkorb und atmete mit mir.«

Nach diesen Worten legte sie mir ihre Hand über mein Brustbein, presste sie sanft dagegen und begann sie langsam kreisend zu bewegen, dabei atmete sie tief ein und aus. Sie forderte mich auf, die Augen zu schließen und an einen Ort zu denken, an dem ich mich sicher fühle. Ich erinnerte mich an meine Kindheit, wie mich meine Mutter fürsorglich tröstete, wenn ich Angst hatte. Dieses schöne Bild löste ein Glücksgefühl aus, ich begann mich zu entspannen. »Leg jetzt deine eigene Hand auf deinen Brustkorb«, fuhr meine Freundin fort, »das wird dich beruhigen.«

Die sanfte Kraft meiner Berührung und der langsame Rhythmus meines Atems führten binnen fünf Minuten zu einer tiefen Entspannung, so dass ich danach bereit war, es noch einmal zu versuchen. Während ich sang, ließ ich die Hand auf dem Brustkorb, ich nahm die Unterstützung der anderen wahr und ... raten Sie mal! Dieses Mal klappte es.

ZWECK: Indem wir tief ausatmen, reagiert unser Körper mit Entspannung. Dem Handauflegen wird schon sehr lange ein heilender Effekt zugeschrieben. Reiki und Massage sind die modernen Varianten dieser altbewährten Technik. Durch Berührung haben wir die Kraft, uns Trost zu spenden. Und diese beruhigende Kraft führt uns zum Frieden.

»Ein Happen zwischendurch«

IMPULS: Bei einer Zwischenmahlzeit.

HILFSMITTEL: Eine Handvoll Nüsse, Rosinen, Popcorn oder etwas anderes, das sich zwischendurch knabbern lässt.

METHODE: Legen Sie Ihr Knabberzeug nebeneinander vor sich und »arbeiten« Sie konzentriert die Reihe ab. Kauen Sie jedes einzelne Stück sorgfältig und schlucken Sie es hinunter, bevor Sie nach dem nächsten greifen. Wiederholen Sie diesen Vorgang noch zwei Mal und konzentrieren sich dabei auf das Gefühl im Mund, den Geschmack und das Kauen.

Früher nahm ich oft gar nicht wahr, was ich aß, weil ich mit meinen Gedanken ganz woanders war. Und ich aß den ganzen Tag, Frühstück, Mittagessen, Abendessen, dazwischen kleine Snacks am Vormittag, am Nachmittag und vor dem Schlafengehen (ich bin unterzuckert, wissen Sie!). Und obwohl ich ständig mit Essen und Trinken beschäftigt war, spielte das, was ich zu mir nahm, keine Rolle für mich.

Es gibt Menschen, die leben, um zu essen, und andere, die essen, um zu leben. Und ich gehörte zur zweiten Kategorie, warum auch immer. Einmal saß ich in einem Restaurant, und während ich bereits zu essen angefangen hatte, kam die Kellnerin und entschuldigte sich, dass sie mir aus Versehen ein Geflügelsalat-Sandwich statt des bestellten Thunfisch-Sandwichs gebracht hatte. Ich hatte bereits die Hälfte gegessen und den Fehler noch nicht einmal bemerkt.

Waren meine Geschmacksnerven etwa betäubt? Vielleicht. Aber wahrscheinlich war es eher so, dass ich einfach nicht wahrnahm, was ich aß, weil ich mit so vielen anderen Dingen beschäftigt war. Wenn ich mit der Familie oder mit Freunden am Tisch saß, konzentrierte ich mich auf unsere Gespräche.

War ich alleine in einem Restaurant, beobachtete ich die Menschen um mich herum und achtete auf die Geräusche. Zu Hause las ich beim Essen meist die Zeitung oder verlor mich in Alltagsgedanken. Das eigentlich Wichtige, das Essen, war zweitrangig.

Ich belegte einen Online-Kurs über Achtsamkeit, um meiner mangelnden Aufmerksamkeit zu begegnen. Eine der dort beschriebenen Übungen bestand darin, sorgfältig darauf zu achten, was man isst. Tolle Idee, dachte ich, hatte sie aber danach sofort wieder vergessen. Es wurde schließlich so schlimm, dass ich überhaupt nicht mehr registrierte, was ich in mich hineinstopfte – es hätte auch Brei sein können.

So konnte es nicht weitergehen. Am folgenden Tag schrieb ich kleine Zettel, die mich daran erinnern sollten, aufmerksamer zu essen. Und tatsächlich hielt ich ab dann jedes Mal zu Beginn einer Mahlzeit kurz inne, um meine Achtsamkeit zu schulen. Ich konzentrierte mich auf den Geruch, den Geschmack und das Aussehen der Speisen vor mir auf dem Tisch. Mir wurde bewusst, dass ich jedes Mal ein kleines Wunder erleben durfte ... und das mehrmals am Tag.

Was für ein Fest für die Sinne: die Aromen, der Geschmack, die Schönheit, das warme Gefühl im Bauch. Und das ist noch nicht alles: Dieses kleine Wunder sorgt auch dafür, dass unser Körper funktioniert. Machen Sie die Probe aufs Exempel und genießen Sie achtsam jeden Biss.

ZWECK: Das Tempo zu drosseln und einen Moment ruhig und aufmerksam zu sein. Indem wir unser Augenmerk nicht auf unsere Ängste, sondern auf unseren Geschmacks- und Geruchssinn richten, gönnen wir unserem ruhelosen Geist eine Pause und erleben ein Gefühl der Dankbarkeit.

»Sich ein Bild machen«

IMPULS: Beim Essen.
METHODE: Betrachten Sie Ihren Teller und fragen Sie sich:
»Woher stammt eigentlich mein Essen?« (Käse aus Vermont?
Mandeln aus Kalifornien? Trauben aus Chile? Stammt es von
einer Fabrik in Spanien? Oder einem Bauernhof aus der Re-
gion?) Stellen Sie sich die Umgebung vor, wo jedes einzelne
Nahrungsmittel seinen Ursprung hat, und bedenken Sie die
Reise, die es gemacht hat, um auf Ihren Tisch zu gelangen.

Vor einigen Jahren hatte ich die Gelegenheit, mit meinem
Mann nach China zu reisen. Als wir auf dem riesigen Flughafen von Peking landeten, war ich ein bisschen benebelt. Wir
waren seit mehr als 18 Stunden unterwegs, und ich hatte weder ausreichend gegessen noch geschlafen. Wir standen in der
langen Schlange vor der Zollabfertigung, und mir wurde
schwindlig, und ich begann nervös zu werden. Anfangs dachte ich, das sei der Jetlag, aber dann wurde es immer schlimmer.
Ich begann zu zittern, sprach undeutlich und hatte Sehstörun-
gen. War das eine Panikattacke oder gar noch Schlimmeres ...
etwa ein Infarkt? Mein Mann stützte mich und zwang mich,
einen Müsliriegel zu essen, da er vermutete, ich sei unterzuckert. Und er hatte recht. Nachdem ich etwas gegessen hatte,
begann ich mich besser zu fühlen.
Nach der Reise ging ich zum Arzt, und man attestierte mir eine
Hypoglykämie. Seitdem habe ich viel über die Reaktionen des
Gehirns gelernt, wenn es nicht ausreichend mit Glukose ver-
sorgt wird, und über den glykämischen Index – mehr, als ich
jemals darüber wissen wollte. Ich habe gelernt, meinen Blut-
zuckerspiegel ziemlich stabil zu halten, indem ich auf raffi-
nierte Zucker- und Weißmehlprodukte verzichte und regelmä-

ßig kleine Portionen esse. Meine Beziehung zum Essen hat sich damit radikal verändert. Ich würdige jeden Bissen als Helfer zu mehr Bewusstsein und guter Gesundheit.

Eines Tages saß ich am Küchentisch und knabberte eine Reiswaffel mit Ziegenkäse und einige Cashewkerne. Dabei fiel mein Blick auf die Dose mit den Nüssen, und ich fand heraus, dass sie aus Brasilien kamen. Neugierig geworden, untersuchte ich die Ziegenkäsepackung: aus Frankreich. Und die Reiswaffeln? Ein Import aus Finnland! Die ganze Welt in meiner Küche!

Ab diesem Moment wurde mir die kulinarische Vielfalt bewusst, die sich in meiner Küche versammelt hatte: Die Kiwis kamen aus Neuseeland, das Olivenöl aus Italien, der Wein aus dem Bundesstaat New York, und mein Chai-Tee enthielt Teeblätter aus Indien. Für all das mussten Hunderte von Menschen pflanzen, pflegen, verpacken, transportieren und dafür sorgen, dass die Produkte in meiner Nähe im Regal lagen, wo ich sie kaufen und nach Hause tragen konnte.

Diese Erkenntnis eröffnete mir eine neue Sicht der Dinge, und ich fühlte mich noch enger verbunden mit dem Kreislauf des Lebens, zu dem auch die Ernährung gehört. Heute überlege ich vor dem Essen, woher es stammt, und stelle mir vor, welchen Weg es nehmen muss, bis es vom Ursprung in meinen Mund gelangen kann.

ZWECK: Indem wir eine Vorstellung des großen Ganzen kultivieren, sprengen wir die Grenzen unserer eigenen kleinen Welt. Indem wir uns bewusst werden, dass das, was auf unserem Teller liegt, der Endpunkt einer erstaunlichen Reise ist und nicht nur ein Produkt, das wir aus dem Supermarktregal nehmen, verbinden wir uns mit »etwas Größerem« im Leben. Zu wissen, dass auch wir Teil dieses Kreislaufs sind, schenkt uns Frieden in Form von Dankbarkeit und einer neuen Perspektive.

»Die tröstende Flamme«

IMPULS: Sie sind gestresst und brauchen eine Pause.
HILFSMITTEL: Eine Kerze.
METHODE: Zünden Sie eine Kerze an und schauen Sie etwa eine Minute lang in die Flamme. Achten Sie auf die Farben und die sich wandelnde Form. Können Sie die aufsteigende warme Luft erkennen? Starren Sie in die Flamme, als wäre sie eine Kristallkugel. Lassen Sie sich vom faszinierenden Licht beruhigen. Wenn Sie die Kerze auspusten, schauen Sie so lange dem aufsteigenden Rauch nach, bis er sich vollständig aufgelöst hat.

Mein Mann und ich machten über Silvester Urlaub in den Berkshire Mountains in Massachusetts. Wir wohnten in einem altehrwürdigen romantischen Landhotel, das mit einem »Gourmet-Frühstück bei Kerzenschein« geworben hatte. Wow! Von Abendessen bei Kerzenschein hatte ich schon gehört, aber ein *Frühstück?* Ich war sehr gespannt.
An diesem frostigen Wintermorgen fand ich das Flackern und Flimmern vor mir faszinierend, selbst im hellen Morgenlicht, ich konnte die Augen kaum von der tanzenden Flamme lösen. Ich konzentrierte mich und fand Ruhe und Entspannung.

Erst vier Wochen zuvor hatte ich das Beruhigungspotenzial von Kerzenlicht neu für mich entdeckt. Ein starker Sturm mit Spitzengeschwindigkeiten von über 100 km/h hatte dafür gesorgt, dass wir fast drei Tage ohne Strom auskommen mussten. In dieser Zeit kauerten wir uns bei Kerzenlicht um das Feuer im Kamin.
Mediale Ablenkung gab es keine, kein Fernsehen, kein Internet, keine Filme, nichts als Kerzenlicht und Gespräche – für

mich ein Geschenk. Als der Strom schließlich wieder funktionierte, freute ich mich natürlich über Wärme und heißes Wasser, aber das schockierend grelle elektrische Licht nahm ich nur widerwillig zurück, eingedenk der Erfahrung, wie wohltuend Kerzenlicht bei Tag und bei Nacht sein kann.

Es gibt viele Gründe, warum bei Festen und Feiern Kerzen brennen: Ihr Licht ist geradezu hypnotisch, tröstlich und schön. Zünden Sie eine Kerze an, wenn Sie sich gestresst fühlen, und genießen Sie den Blick in die Flamme. Ich habe fast in jedem Raum meines Hauses eine Kerze stehen und fühle mich wie eine »Lichterkönigin«. Kerzen strahlen Ruhe aus und erinnern daran, dass das Lebenstempo früher langsamer war. Gönnen Sie sich einen Moment lang »die gute alte Zeit«.

ZWECK: Indem wir das Tempo drosseln, unsere Aufmerksamkeit auf die Flamme einer Kerze richten und die Farbe, das Licht und die Bewegung beobachten, verbinden wir uns mit der heiligen Flamme, die in uns leuchtet.

»Auf den zweiten Blick«

IMPULS: Langeweile und Rastlosigkeit.

METHODE: Setzen Sie sich hin, suchen Sie sich einen Gegenstand und betrachten Sie ihn einige Minuten konzentriert. Bemühen Sie sich, etwas zu entdecken, das Sie zuvor noch nicht gesehen haben. Suchen Sie jeden Quadratzentimeter ab, jede Ecke ... konzentrieren Sie sich auf den Lichteinfall ... selbst auf winzig kleine Details. Versuchen Sie, den Gegenstand auf ganz neue Weise zu sehen.

An einem regnerischen Samstagnachmittag saß ich am Computer und schrieb. Die Kinder schauten im Wohnzimmer einen Film. Plötzlich hörte ich ein lautes Klirren, und mein Herzschlag setzte einen Moment aus. Die Kinder schrien: »Mom, ein Bild ist von der Wand gefallen!«

»Welches?«

»Das mit dem kleinen Vogel in der Ecke«, antwortete meine Tochter.

Hä?, fragte ich mich. Ein Bild mit einem kleinen Vogel in der Ecke? Ich ging hinunter und musste feststellen, dass mein Lieblingsbild über dem Kamin Opfer eines altersschwachen Nagels und der Schwerkraft geworden war. Ich sah mir das Werk noch einmal genau an, ein atemberaubender Sonnenuntergang über einem See. »Welcher Vogel?«, fragte ich.

»Schau mal in die Ecke«, sagte meine Tochter, »siehst du das Vögelchen?«

Wow. Sieh an, in der Ecke saß tatsächlich ein kleiner Vogel. Die Farbenpracht des Sonnenuntergangs hatte mich immer so fasziniert, dass ich diese Ecke nie beachtet hatte. Hatte ich mir das Bild überhaupt jemals bis in jedes Detail angesehen?

Dieses Erlebnis erinnerte mich an eine Achtsamkeitsübung, die ich während eines Schreibworkshops gemacht hatte. Wir sollten uns irgendeinen Gegenstand genau anschauen und 20 Details notieren. Eine ganz neue Erfahrung, wie durch Zauberei entdeckte ich immer wieder etwas Neues.

Wie viele von uns nehmen die kleinen Dinge um uns herum überhaupt richtig wahr? Nehmen wir uns überhaupt die nötige Zeit, um Feinheiten erkennen und wertschätzen zu können?

Es ist geradezu absurd, dass wir viel Zeit, Energie und Geld dazu aufwenden, etwas zu kaufen, und uns dann nur selten die Mühe machen, es auch gründlich anzusehen und uns daran zu erfreuen. Mit dieser Übung können Sie in die Welt der kleinen Dinge eintauchen.

ZWECK: Indem wir uns die notwendige Zeit nehmen, um die Feinstruktur eines Gegenstands zu verinnerlichen, stoppen wir den Gedankenstrom in unserem Gehirn. Wir bekommen eine neue Perspektive, die sich auf unsere Lebensgewohnheiten auswirkt. Das Erkennen und Wertschätzen der kleinen Dinge lässt uns zur Ruhe kommen und nährt unsere Seele. Ein Gegenstück zur Hektik des Alltags, in dem wir von Reizen überflutet werden, ohne sie richtig zu erkennen.

»Zeitreise mit der Nase«

IMPULS: Vor dem abendlichen Kochen.
HILFSMITTEL: Etwas Wohlriechendes in der Küche, gut geeignet
sind zum Beispiel Kaffeepulver oder -bohnen, Erdnussbutter,
Vanillearoma oder Rosmarin.
METHODE: Wählen Sie etwas aus, das in Ihnen positive Gefühle weckt. Schließen Sie die Augen, saugen Sie das Aroma ein,
halten Sie einen Moment inne und nehmen Sie das Dufterleb-
nis ganz in sich auf.

In meiner Kindheit hatten wir im Garten Hyazinthen, die jedes
Jahr aufs Neue prachtvoll geblüht haben. Ihr Platz war neben
dem Haus an der Auffahrt. Ich liebte es, meine Nase in die
Blüten zu stecken und ihren intensiven Duft einzuatmen. Jedes Jahr im Frühling freute ich mich auf diesen Moment.
Obwohl bei mir zu Hause keine Hyazinthen wachsen, finde ich
auch heute noch immer eine Gelegenheit, mich am betörenden
Duft dieser Blumen zu erfreuen, sei es bei Spaziergängen oder
auch in fremden Gärten.
Auch noch 40 Jahre später bringt mich Hyazinthenduft gedanklich in meine Kindheit zurück, in die frühen 1970er Jahre
und in das Backsteinhaus meiner Eltern in Dallas. Ist es nicht
ein Wunder, mit Düften und Aromen durch die Zeit zu reisen?
Aromen beruhigen und beleben gleichermaßen. Jeder von uns
hat es schon erlebt, wenn er einen Schnupfen hat. Dann kommt
einem die Welt eindimensional und fad vor, weil man nicht
riechen, aber auch nicht schmecken kann. Finden Sie etwas, in
das Sie Ihre Nase hineinstecken und intensiv riechen können.
Lassen Sie sich von diesem Duft davontragen.

ZWECK: Indem wir etwas »einsaugen« und eine positive Erfahrung intensiv und bewusst in uns aufnehmen, werden die Entspannungsmechanismen in unserem Körper aktiviert. Wenn wir uns mit Hilfe eines Dufts im Augenblick verankern, verwöhnen wir nicht nur unsere Sinne, sondern wir erlauben auch dem rastlosen Geist, zur Ruhe zu kommen.

»Haar-Reise«

IMPULS: Beim Haarewaschen.

METHODE: Geben Sie etwas Shampoo in Ihre Hand und riechen Sie daran. Schließen Sie die Augen, und während Sie die Haare einschäumen, träumen Sie sich an einen wunderbaren Ort in weiter Ferne. Konzentrieren Sie sich auf den Duft und erleben Sie diesen Genuss mit Körper und Geist.

An einem heißen Sommertag besuchte ich meine Mutter in Virginia. Beim Frühstück überlegten wir uns das Programm, ein bisschen Sightseeing, ein bisschen Schwimmen, ein Schläfchen – ein perfekter Plan.

Ich ging nach oben, um zu duschen, meine Haare zu waschen und mich anzuziehen. Da ich mein Shampoo zu Hause vergessen hatte, griff ich nach der Flasche, die in der Dusche stand: Old Spice. *Das darf doch nicht wahr sein,* dachte ich. Ich wusste gar nicht, dass es das auch als Shampoo gibt! Benutzte mein Großvater nicht ein Old-Spice-Aftershave?

Und dann geschah es. Als ich den Duft einatmete, reiste ich durch die Zeit und landete in den späten 1960er Jahren, direkt im Fernsehsessel meines Großvaters in Arlington, Texas. Ich durfte mich neben ihn setzen, während er ein Spiel der Dallas Cowboys verfolgte. Auf einem Beistelltisch häuften sich Erdnussflips und Schokoladenkekse, daneben standen eine Dr.-Pepper-Limo für mich und ein Bier für ihn. Während der Werbepausen kitzelte er mich, und ich quietschte vor Vergnügen. Er roch nach Old Spice, und dieser Geruch war so intensiv, dass ich ihn selbst heute noch mit ihm verbinde. Ich liebte den Duft genauso wie meinen Großvater.

Eine Zeitreise mit Hilfe einer Shampooflasche? Einfach sensationell. Lange Zeit hatte ich nicht mehr an meinen Großvater gedacht, und jetzt hatte ich den Eindruck, ihn erst vor kurzem gesehen zu haben. Und das alles wegen eines Shampoos?

Als ich wieder zu Hause war, beschloss ich, diese Erfahrung zu nutzen, und ging in die Drogerie, um ein Shampoo zu kaufen. Ich fragte mich: Will ich in Nektarine- und Purpurglöckchenaromen eintauchen? Oder lieber mit Orchideen- und Kokosmilchduft in die Südsee reisen? Gar keine leichte Entscheidung. Oder doch lieber Grapefruit mit Zitronengras oder ein Mix aus Lavendel und Kamille?

Schon lange ist die Aromatherapie als wirksames Mittel für Gleichgewicht und Harmonie zwischen Körper und Geist anerkannt, eine natürliche Möglichkeit, mit Hilfe ätherischer Öle das Wohlbefinden zu verbessern. Die meisten von uns haben jedoch noch nicht erkannt, dass wir selbst beim Haarewaschen etwas für unsere Gesundheit tun können!

ZWECK: Den Duft verschiedener Shampoos einzuatmen hat gleich zwei Effekte: Unser Geruchssinn wird stimuliert, und wir reisen mental an einen anderen Ort. Sich Zeit zu nehmen, um sich auf eine positive Erfahrung einzulassen, hilft uns, die im Gehirn gespeicherten negativen Erfahrungen auszubalancieren und dadurch Körper und Geist mit positiver Energie zu stimulieren. Lassen Sie beim Haarewaschen Ihren Geruchssinn arbeiten und gehen Sie auf einen Kurztrip! Danach kommen Sie erfrischt an Körper und Geist aus der Dusche.

»Glockenklang«

IMPULS: Irgendwann während einer Pause, z.B. vor dem Essen oder dem Beginn eines neuen Projekts.

HILFSMITTEL: Eine Klingel, eine Klangschale oder eine Glocke.

METHODE: Schließen Sie die Augen und hören Sie dem Klang aufmerksam zu. »Atmen« Sie den Klang ein, spüren Sie die Vibrationen in der Luft. Hören Sie auch dann noch zu, wenn der Ton langsam verklingt und wieder Stille einkehrt.

In meiner Kindheit war meine Familie in der örtlichen Kirchengemeinde aktiv. Jeden Sonntag gingen wir zum Gottesdienst. Ich war Mitglied des Jugendchors und durfte am gemeinsamen Abendessen der Gemeinde teilnehmen. Ich genoss das Gemeinschaftsgefühl sehr, doch am liebsten mochte ich das Glockenspiel am Weihnachtsabend.

In scharlachrote Gewänder gehüllte Männer und Frauen versammelten sich hinter einigen Tischen. Sie streiften weiße Handschuhe über und schlugen die an Lederschlaufen hängenden Glocken zum Einstimmen kurz gegen ihre Brust. Dann waren sie bereit. Der Dirigent winkte mit dem Taktstock, das Spiel begann, erst als Solo, dann im Duo und im Trio ... die Musiker schwangen ihre Arme, bewegten ihre Handgelenke im Takt und entlockten den Glocken herrliche Töne. Am Ende jedes Stücks streckten sie die Arme nach vorne aus, wie eine »Klangdusche« ergossen sich die Töne über die Zuschauer. Es fühlte sich an, als würden wir mit einem prickelnden Zauberpulver bestreut.

Einmal durfte der Jugendchor das Glockenorchester begleiten. Es war wunderbar! Mir wurde die Glocke mit dem Ton »A« anvertraut, und ich musste immer dann läuten, wenn ein »A« in einem Akkord beteiligt war. Damals war ich 14 und überaus nervös, doch ich war bereit, mich der Herausforderung des Klassikers »Carol of bells« zu stellen.

Da stand ich nun zwischen dem »G« und dem »C«. *Ding. Dong. Ding. Dong.* Ein herrliches Gefühl! Als würden die Glocken in meinem Körper erklingen, so etwas hatte ich bis zu diesem Moment noch nicht erlebt. Der Nachklang schien mich auszufüllen. Es war wie ein Rausch.

Seitdem habe ich eine Schwäche für Glocken, egal, ob es sich um die gewaltige Glocke in einer Kathedrale oder um ein Schlittenglöckchen handelt. Glockentöne können unterschiedliche Gefühle wecken, von Freude und Glück bis zu melancholischer Nachdenklichkeit. Egal, welches Gefühl es auch ist, Glockenklang berührt unser Herz und unsere Seele.

ZWECK: Indem wir eine Pause in unserem Alltag schaffen und uns auf die heilenden Kräfte des Klangs konzentrieren, steigern wir unsere Aufmerksamkeit, lassen Gefühle zu und erfahren dadurch Frieden.

»Eine kleine Nachtmusik«

IMPULS: Eine schlaflose Nacht.

METHODE: Schließen Sie die Augen und hören Sie bewusst auf alle Geräusche in Ihrer Umgebung. Wenn Sie ein Geräusch erkannt haben, geben Sie ihm einen Namen: *Bellender Hund, Flugzeug, Geschirrspülmaschine, Husten, zirpende Grille, Autohupe* und so weiter. Hören Sie noch intensiver hin. Hören Sie Ihren eigenen Atem? Ihren Herzschlag? Verinnerlichen Sie diese Geräusche und zählen Sie jeden Atemzug.

Ich kenne die Situation sehr gut: Draußen ist es stockdunkel, und man hört die Eulen rufen, es sind die Stunden der stillenden Mütter und der Menschen, die nicht schlafen können. Warum auch immer, auch ich habe etliche schlaflose Nächte in meinem Leben durchlitten.

Ich habe versucht, dem gestörten Schlafzyklus nicht nachzugeben (völlig nutzlos, das kann ich Ihnen versichern). Ich habe versucht, mit meiner Schlaflosigkeit Freundschaft zu schließen, bin aufgestanden, um zu lesen oder zu schreiben. Ich litt danach an »mentalen Durchhängern« (unausweichliche Konsequenz, wenn ich nicht geschlafen habe), manchmal dauerte es eine ganze Woche, bis meine innere Uhr wieder im Gleichgewicht war. Schlaflosigkeit ist und bleibt ein Fluch.

Während ich eines Nachts mal wieder wach im Bett lag, drang mir plötzlich das »schwere Atmen« (alias Schnarchen) meines Mannes ins Ohr. Meine Aufmerksamkeit wanderte von meiner eigenen Unruhe zu diesem prägnanten Geräusch, und ich dachte: *Das klingt ja wie eine Kreissäge, nein, eher wie ein Bulldozer, nein, genau wie ein Presslufthammer.*

Ich schubste ihn, er legte sich auf die Seite, und das Geräusch verstummte. Absolute Stille. Ich konzentrierte mich, und zu meiner Überraschung konnte ich meine Armbanduhr ticken hören. Ein Auto in der Ferne ... ein Kind hustete ... es knackte in der Wand ... eine streunende Katze miaute ... der Wind heulte. Ich ließ mich in die nächtliche Sinfonie hineinsinken und bemerkte ein neues Geräusch – meinen Atem! Und indem ich der Melodie meines Atems lauschte, zählte ich jede Ausatmung.

Ich stellte fest, dass ich von der Last meiner quälenden Gedanken befreit werde, wenn ich mich auf Geräusche um mich herum konzentriere. Wenn ich heute ausnahmsweise nicht einschlafen kann, schließe ich die Augen und höre auf das Summen und Brummen und Rascheln und Zirpen. Und ich lausche der Melodie meines eigenen Atems (und zähle die Atemzüge), ein Schlaflied, das mich früher oder später ins Traumland gleiten lässt.

ZWECK: Wenn wir uns auf das Hier und Jetzt konzentrieren und unseren Geist von quälenden Sorgen ablenken, hören wir deutlich die »Musik«, die uns umgibt. Diese Übung beruhigt den Körper und durchbricht den Kreislauf unguter Gedanken, der uns wach hält.

Pforten
zum Frieden

Entspannen Sie sich!

Übungen, durch die Sie gelassener werden

Stress strapaziert den Körper in hohem Maße. Die Liste der Krankheiten, die wissenschaftlich erwiesen mit Stress in Zusammenhang stehen, ist lang. Bluthochdruck, Herzkrankheiten, Magengeschwüre – von den üblichen Magen-Darm-Beschwerden, den Rückenschmerzen, schlaflosen Nächten und allgemeiner Unruhe einmal abgesehen.

Unsere strapazierten Körper! Das Blut, die Organe, das Zellgewebe und die Knochen, all das muss perfekt zusammenarbeiten, damit wir funktionieren. Doch auf Stress reagieren wir mit Symptomen wie Herzrasen oder Arterienverkalkung. Was soll der Körper auch anderes machen, als hin und wieder zusammenzuklappen?

1975 hat Herbert Benson seinen Klassiker »The Relaxation Response« veröffentlicht. In diesem bahnbrechenden Werk gibt er detaillierte Tipps, wie man den Körper entspannen und damit Stress abbauen kann. Er war einer der ersten westlichen Mediziner, die Meditationspraktiken in den Heilungsprozess mit einbezogen, und zwar ganz ohne die Begrifflichkeiten der östlichen Philosophie. Die Revolution bestand in der Erkenntnis, dass Körper und Geist miteinander verbunden sind. Ein gestresster Geist verursacht Chaos im Körper, genau wie ein entspannter Körper den Geist zur Ruhe kommen lässt.

Einige Jahre nach der Veröffentlichung von Bensons Buch, ich war gerade auf der Highschool, nahm ich an einem Stressmanagement-Kurs teil. Dort lernten wir Progressive Muskelentspannung, eine Technik, um Stress abzubauen. Ich musste mir vorstellen, wie es sich anfühlt, wenn man ein rohes Ei auf seinem Kopf zerschlägt und die klebrige Flüssigkeit danach den Nacken, die Schultern und die Arme bis zu den Füßen hinunterläuft.

Ich war so fasziniert, dass ich später einige Studienfreunde bat, in mein Zimmer zu kommen, um gemeinsam die erlernte Technik zu praktizieren. Ein durchschlagender Erfolg, auch sie waren begeistert und prophezeiten, dass uns die Kraft der Gedanken unterstützen würde, Stresssituationen während des Studiums besser zu bewältigen.

Die Übungen in diesem Kapitel wurden entwickelt, um den Stress in unserem Körper abzubauen und/oder uns aufzuwecken. Indem wir die beruhigende Seite unseres Nervensystems stimulieren, dämpfen wir unsere Reaktion auf Stress, heben die Stimmung, senken den Blutdruck und verringern den Widerstand gegen das, was von außen auf uns zukommt. Indem wir regelmäßig üben, wappnen wir unseren Körper und unseren Geist, Situationen entspannt zu begegnen, die uns zuvor gestresst haben.

Es ist schwer, den Geist zu entspannen, wenn der Körper verkrampft ist. Nehmen Sie sich deshalb Zeit für diese Übungen, schaffen Sie den Raum, in dem innerer Frieden aufblühen kann. Wenn Sie zudem in der Lage sind, sich zu erden und sich auf den gegenwärtigen Augenblick zu konzentrieren (der Moment nach der Vergangenheit und vor der Zukunft), werden Sie erfolgreich sein. Grübeleien über das, was gewesen ist, und das, was kommen wird, schaden Ihnen und sind ein Schleudergang für den Geist und die Seele. Im Jetzt zu bleiben ist in jedem Fall friedlicher.

Lassen Sie Ihren Körper Ihr Anker für den inneren Frieden sein.

»In die Tiefe atmen«

IMPULS: Wenn Sie den Schlüssel ins Schloss stecken (Haustür, Schließfach im Fitnessstudio, Autotür etc.).

METHODE: Wenn Sie den Schlüssel ins Schloss stecken, stellen Sie sich vor, Sie würden den Stress in Ihrem Körper aufschließen. Halten Sie für einen langen Atemzug inne. Atmen Sie tief ein und machen Sie dabei den Bauch ganz rund (als ob Sie schwanger wären). Halten Sie die Luft kurz an und atmen Sie dann langsam aus, dabei die Restluft richtig herauspressen. Ziehen Sie den Bauchnabel zur Wirbelsäule, um auch die letzte Luft aus dem Unterbauch entweichen zu lassen. Gehen Sie dabei sehr langsam vor, richten Sie die Aufmerksamkeit auf die Pause zwischen dem Einatmen und dem langen Ausatmen. Ein tiefer, langer Atemzug ist der »Schlüssel« zum Stressmanagement.

Zwei Hobbys haben mein ganzes Leben begleitet: singen und Theater spielen. Ich habe in Kinder-, Erwachsenen- und Kirchenchören, auf Musicalbühnen und in Opernhäusern gesungen. Ich singe für mein Leben gern! Während meiner elf Jahre in New York habe ich auch einige Zeit Gesangsunterricht gehabt. Eine Karriere als Sängerin habe ich jedoch nie angestrebt, Soprane gibt es in New York wie Sand am Meer, aber die Atemtechnik beim Singen wollte ich unbedingt verstehen. Eine meiner Gesangslehrerinnen, nennen wir sie Alice, war eine große Frau mit dramatischer Ausstrahlung, die in einem labyrinthischen, düsteren Haus lebte. Neben dem Klavier thronte eine riesige Vase mit Pfauenfedern. Die Fenster waren mit türkisch anmutenden Stoffen verhüllt. Auf niedrigen Holztischen standen Kerzen und Kristallschalen. Es sah aus, als käme ich zu einer spiritistischen Sitzung und nicht zu einer Gesangsstunde.

Ich stehe tief in Alice' Schuld, denn sie hat mir beigebracht, richtig zu atmen. An einem regnerischen Nachmittag musste ich mich rücklings auf den Orientteppich legen, und Alice gab die Anweisung: »Achte beim Atmen genau auf deinen Bauch.« Ich stellte fest, dass sich mein Bauch beim Einatmen nach außen weitet. Ich hatte immer gedacht, genau das Gegenteil sei der Fall: dass sich beim tiefen Einatmen der Bauch nach innen saugt und der Brustkorb sich aufbläht. An diesem Tag erlebte ich meine erste Drei-Stufen-Atmung, mein Bauch wölbte sich nach außen, mein Rücken wurde auf dem Teppich weiter und größer, und schließlich hob sich mein Brustkorb.

In der Folge nutzte ich die dreistufige Atmung, um Panikattacken zu dämpfen, das hohe »C« zu treffen und Geburtswehen zu veratmen (ich gebe zu, die Epiduralanästhesie war effektiver, aber immerhin ...). Probieren Sie es aus!

ZWECK: Intensives Ausatmen hat einen unmittelbaren Beruhigungseffekt auf den Körper. Indem wir tief in den Bauch atmen, aktivieren wir den Parasympathikus, das heißt, wir setzen Wohlfühl-Endorphine frei. Der Geist orientiert sich am Körper: verkrampfter Körper gleich verkrampfter Geist ... entspannter Körper gleich entspannter Geist. Die Bauchatmung weitet darüber hinaus die Lunge, sie bleibt geschmeidig und flexibel, auch wenn wir älter werden. Schließlich wird durch die Drei-Stufen-Atmung zusätzlich Sauerstoff ins Gehirn transportiert, was zu unserem Wohlbefinden beiträgt.

»Alle Tassen im Schrank!«

IMPULS: Sie räumen die Spülmaschine aus.

METHODE: Konzentrieren Sie sich intensiv auf die Geräusche und Ihren Tastsinn, wenn Sie die Teller stapeln, die Gläser einräumen und die Besteckschublade füllen. Achten Sie auf das Klappern, das Klirren, das Klingen. Experimentieren Sie! Stellen Sie die Teller mal laut, mal leise in den Schrank, mit einer oder mit beiden Händen. Klopfen Sie mit dem Fingerknöchel gegen die Tasse, gegen den Teller. Lassen Sie Ihre Gedanken vorüberziehen, während Sie sich auf die kleinsten Details dieser einfachen Aufgabe konzentrieren.

Meine Mutter hielt einen Teller mit einem gewagten geometrischen Dekor hoch. »Wie gefällt dir das Muster?«, fragte sie. »Zu modern«, antwortete ich. Sie griff nach einem anderen mit großen knallbunten Blumen und zeigte ihn mir. »Nein«, sagte ich, noch bevor sie fragen konnte, »zu kitschig.«

Wir hatten uns in den Kopf gesetzt, so lange zu suchen, bis wir das ideale Geschirr für meine erste eigene Wohnung gefunden hatten. Ich war 21 und gerade dabei, mich nach New York aufzumachen und es dort zu etwas zu bringen. Meine Mutter kam, um zu begutachten, wie ich mich in meiner neuen Bleibe eingerichtet hatte.

Als sie erfuhr, dass ich mehr als einen Monat von Papptellern gegessen hatte, war sie schockiert. Ein Großteil meiner Einrichtung stammte vom Flohmarkt oder aus dem Gebrauchtwarenladen, vernünftige Teller hatte ich leider noch keine gefunden. Darauf legte ich Wert, ein wilder Mix aus zusammengesammelten Einzelstücken sollte es keinesfalls sein. Meine Mutter hatte sich netterweise dazu bereit erklärt, mir zur Einweihung eine Erstausstattung Geschirr zu schenken. Und jetzt waren wir auf der Jagd.

Nachdem wir eine ganze Reihe von Küchenfachgeschäften, Einrichtungshäusern und Kaufhäusern durchkämmt hatten, entdeckte ich schließlich erdfarbenes Steingutgeschirr mit kleinen weißen Blüten. Warum auch immer, dieses außergewöhnliche Design zog mich in seinen Bann.

Ich liebte dieses Geschirr! Lange Jahre wusch ich sorgsam die Teller und Tassen mit der Hand ab, für mich waren sie ein Symbol für mein neues Heim und mein neues Leben.

Viele Jahre später wurde das innig geliebte Geschirr durch teures Porzellan ersetzt, und statt mit der Hand wurde in der Geschirrspülmaschine gespült. Und ehe ich mich versah, war der Spülgang zu Ende und die Maschine musste ausgeräumt werden, eine stumpfsinnige Tätigkeit, die ich immer irgendwo dazwischenquetschte.

Immer wenn ich heute diese Übung mache, werde ich an das Glücksgefühl erinnert, wie es war, das erste Mal eigenes Geschirr zu besitzen. Ich halte dann inne und nehme mir Zeit, den Dingen die gebührende Aufmerksamkeit zu schenken, die meine Mahlzeiten nicht nur zu einem Gaumen-, sondern auch zu einem Augenschmaus machen. Ich bewundere die erhabene Schönheit eines Saftglases, fahre mit den Fingerspitzen über den Rand einer Porzellantasse und lausche dem Klang eines Löffels, der mit einem Buttermesser zusammenschlägt. Und finde Trost in der Stille und der Schönheit der Welt um mich herum.

ZWECK: Indem wir unsere Aufmerksamkeit auf die Geräusche und das Betasten von Gegenständen konzentrieren, lösen wir uns von unseren quälenden Gedanken. Diese Achtsamkeitsübung baut Stress ab, klärt unseren Geist und verschafft uns eine Pause, in der wir unsere Grundeinstellung für den inneren Frieden wiederfinden können.

»Spiel es noch einmal«

IMPULS: Bei der ungeliebten Hausarbeit (Wäsche zusammen-
legen, Geschirrspülmaschine ausräumen, Müll wegbringen,
kochen, abwaschen oder das Bad putzen).
METHODE: Singen Sie ein bestimmtes Lied oder legen Sie Ihre
Lieblings-CD ein, wenn Sie mit etwas konfrontiert werden, auf
das Sie partout keine Lust haben. Stellen Sie es sich als etwas
Angenehmes vor und nehmen Sie das damit verbundene gute
Gefühl bewusst wahr.

Als meine älteste Tochter im zweiten Schuljahr war, ging ich
zu einem Tag der offenen Tür und unterhielt mich mit dem
Vater einer ihrer Freundinnen. Aus irgendwelchen Gründen
kamen wir auf Musik zu sprechen, und er erzählte mir, wie
sehr seine Tochter die Lieder der Beatles liebe. Nach diesem
Gespräch überfiel mich die schockierende Erkenntnis, dass
meine Kinder noch nie einen Song der Beatles gehört hatten,
weder »Let it be« noch »Yellow Submarine«, noch »Come to-
gether« – gar nichts.
Natürlich kannten sie viele Lieder aus Kindersendungen wie
zum Beispiel der »Sesamstraße« und bestimmt auch einige Pas-
sagen klassischer Stücke aus meinem Plattenschrank. Mein
musikalischer Horizont erschien mir plötzlich jämmerlich be-
schränkt, und ich ging los und kaufte mir das neu aufgelegte
erste Album der Beatles. Und entschied mich gleichzeitig für
die »Laufstall-Strategie«: Mit bestimmten Dingen durften meine Kinder nur im Laufstall spielen. Konsequenterweise gab es
die Beatles nur beim gemeinsamen Wäschezusammenlegen.
Mit dieser Taktik bekam die lästige Pflicht etwas Verlockendes.
Zum Glück erkannten meine Kinder die Taktik nicht und begannen die Beatles zu lieben. Ich fiel fast in Ohnmacht, als sie

mich nach der Schule fragten, ob sie Wäsche zusammenlegen dürften! Mittlerweile erscheint das nahezu unvorstellbar, aber ich glaube, dass sie auch heute noch die Beatles mit Wäschezusammenlegen verbinden.

Bei einer Arbeit, auf die man so gar keine Lust hat, tut es gut, Musik zu hören oder sein Lieblingslied zu trällern. Probieren Sie es mit einem stimmungsvollen Weihnachtslied oder einem heiteren Stück, von dem Sie wissen, dass es Sie glücklich macht. Machen Sie sich keine Sorgen wegen Ihrer Stimme, sondern lassen Sie sich von der Musik erfüllen: Und Sie werden sehen, wie sich Ihre Laune bessert!

ZWECK: Ein bisschen Heiterkeit in unseren Alltag zu bringen hebt die Stimmung. Sich von positiven Gefühlen durchdringen zu lassen entspannt Körper und Geist, vermindert die Produktion von Stresshormonen und wappnet gegen Depressionen. Indem unser Gehirn trainiert wird, eine an und für sich langweilige oder ungeliebte Tätigkeit mit etwas Positivem zu verbinden, bringen wir Dankbarkeit und Akzeptanz in unser Leben und verändern unseren Blickwinkel.

»Unter dem Meer«

IMPULS: Überforderung oder Überreizung.

METHODE: Setzen Sie sich auf einen Stuhl, beugen Sie sich nach unten und berühren Sie die Zehen. Seien Sie dabei völlig entspannt und schlaff wie eine Stoffpuppe. Wenn Ihnen das nicht angenehm ist, lassen Sie Ihren Kopf einfach in Richtung Brustkorb sinken. Schließen Sie die Augen, entspannen Sie die Schultern und stellen Sie sich vor, Sie schwebten in den Tiefen des Meeres. Erahnen Sie die vom Wind aufgepeitschten Wellen über sich, während Sie ganz tief unten am Grund des Ozeans in Sicherheit sind.

Während meiner Collegezeit überraschte mich meine Großmutter mit einem ganz besonderen Weihnachtsgeschenk, einer gemeinsamen Karibikkreuzfahrt mit meiner Mutter, meiner Schwester und ihr selbst. Drei Generationen auf hoher See! Wir waren außer uns vor Freude.

Eine der schönsten Erinnerungen an diese Reise ist der erste Schnorchelgang meines Lebens. Ich werde nie die Ehrfurcht vergessen, die ich empfand, als ich in die verzauberte Welt unter der Wasseroberfläche eintauchte. Dort gab es Fische in allen Farben, Korallen und Tausende mir unbekannte Geheimnisse. Am meisten aber faszinierten mich die Seesterne.

Damals hatte ich gerade meine Abschlussprüfung gemacht, doch in dieser faszinierenden Umgebung war alles andere unwichtig. Ob ich eine Eins in Geschichte hatte oder wie mein Notendurchschnitt war, spielte hier keine Rolle. Ich bewunderte die unendliche Weite der Unterwasserwelt, die reale Welt darüber schien Millionen von Meilen entfernt. Unter der Wasseroberfläche war es ruhig, voller Harmonie, alles hatte seinen eigenen Rhythmus. Ich war wie gebannt.

Wenn mich heute die Kinder, To-do-Listen, überlaute Geräusche und andere Stressfaktoren zu überwältigen drohen, setze ich mich auf einen Stuhl, lasse meine Energie nach unten fließen und stelle mir vor, dass ich in der Tiefe schwimme. Dort unten ist das Leben erhaben und still, fernab von den Turbulenzen des stressigen Alltags.

ZWECK: An ein beglückendes Erlebnis zu denken und es vollständig in sich aufzunehmen wirkt Stress und Ängsten entgegen. Unsere Vorstellungskraft kann uns zu einem Ort führen, an dem Stille und Frieden herrschen. Wir tragen die Fähigkeit zur Ruhe immer in uns – wichtig ist, lange genug innezuhalten, um sich mit dieser Kraftquelle zu verbinden.

»Stepptanz«

IMPULS: Ihnen fehlt die Energie, um eine Aufgabe zu Ende zu führen, oder Sie fühlen sich am späten Nachmittag schon müde und erschöpft.

METHODE: Schließen Sie die Augen und atmen Sie tief ein. Klopfen Sie mit den Fingern auf Ihr Gesicht, benutzen Sie dabei den Zeige-, den Mittel- und den Ringfinger der rechten und der linken Hand. Beginnen Sie an der Stirn, wandern Sie zu den Augenbrauen, den Augenlidern, dem Bereich unter den Augen, den Wangenknochen, der Nase, den Lippen, die Wangen hinab bis zum Kinn, den Hals hinab bis zum Schlüsselbein. Achten Sie bewusst darauf, wie es sich anfühlt, wenn Sie sanft auf Ihr Gesicht klopfen und dabei die wichtigsten Akupressurpunkte treffen. Wenn Sie am Schlüsselbein angekommen sind, wandern Sie mit den Fingern zurück zum Gesicht und beenden Sie das Ganze mit einem leichten Klopfen auf den Scheitel. Als Zugabe können Sie Ihrem Kopf auch eine Nachricht schicken: »Wach auf, mein schlafendes Selbst, wach auf!«

Mehrere Jahre lang war ich Komoderatorin einer Radiosendung in Portsmouth, New Hampshire, »Ashley und Andy: ganz persönlich«. Die Livesendung wurde wöchentlich ausgestrahlt, und jedes Mal wurde ein Gast eingeladen, mit dem wir über Emotionen und spirituelle Themen sprachen. Meistens ging es um intime und ernste Themen, aber es gelang uns immer, die Stimmung durch kleine Späße und spielerische Elemente aufzulockern.

Einmal hatten wir einen Hypnosetherapeuten zu Gast, der uns etwas über »Emotional Freedom Techniques« (EFT) erzählte. EFT ist eine alternative Heilmethode, die auf der Stimulation von Akupressurpunkten basiert. Die Technik wirkt bei Ängsten, Belastungsstörungen, Schmerzen verschiedenster Art, aber auch bei negativen Denkstrukturen. Beim EFT werden spezifische Meridianpunkte am Kopf, am Körper und an den Händen abgeklopft, und der Patient konzentriert sich dabei auf sein aktuelles Problem. Wir hatten bei der Vorstellung dieser Selbsthilfetechnik großen Spaß, meine Mitmoderatorin war plötzlich das Versuchskaninchen, an dem wir versuchten, den Prozess für unsere Hörer »sichtbar« zu machen.

Die »Stepptanz«-Übung ist zwar von EFT inspiriert, aber im Grunde eher »Freestyle«. Ich finde den Gedanken äußerst reizvoll, ein kleines Tänzchen auf meinem Gesicht zu spüren ... à la Fred Astaire. Probieren Sie es aus und entdecken Sie, was für Sie das Beste ist. Mit der Zeit werden Sie herausfinden, welche Stimulationspunkte am besten funktionieren, vielleicht entdecken Sie auch, dass Ihnen das Klopfen auf Wangenknochen oder Schläfen guttut. Entwickeln Sie Ihre ganz persönliche Massagetechnik, damit Sie sich optimal entspannen können und wieder Kraft tanken.

Durch die Stimulation der Akupressurpunkte regen wir die Durchblutung der Hautoberfläche an. Und wenn Sie zusätzlich die Augen schließen, können diese ein wenig ausruhen, während der Tastsinn einen Moment lang die Regie übernimmt.

ZWECK: Diese Stimulationsübung verschafft uns einen Energieschub und bringt uns ins Hier und Jetzt zurück. Wenn wir unsere rastlosen Gedanken auf das Körperbewusstsein lenken, gelingt es uns, den Stress für einen Moment auszuschalten.

»Sei ein Baum!«

IMPULS: Sie fühlen sich körperlich verspannt oder erschöpft, sind in einer emotionalen Sackgasse oder mental blockiert.

METHODE: Stehen Sie auf und strecken Sie beide Arme parallel zum Körper hoch in die Luft, als wollten Sie nach den Sternen greifen. Schließen Sie die Augen und stellen Sie sich vor, Sie wären ein Baum: Ihr Körper ist der stabile Stamm, die Arme sind die Zweige, die Finger die Blätter. Durch Ihre Füße erstrecken sich die Wurzeln bis tief hinunter in die Erde. Bewegen Sie sich mit dem Wind. Lassen Sie die Arme wieder sinken, ziehen Sie die Energie von den Wurzeln bis hoch in die Zweige und heben Sie dann die Arme erneut nach oben. Atmen Sie tief ein und langsam aus. Fühlen Sie die Wurzeln, die Erde und werden Sie eins mit der Natur und der Majestät der Bäume.

Als meine 18-jährige Tochter kurz davor war, zu Hause auszuziehen und aufs College zu gehen, wollte sie mit ihrer Mutter und dem Familienleben generell nichts mehr zu tun haben. Obwohl ich alles versuchte und sogar mit ihr shoppen gehen wollte: keine Chance. Es war deshalb eine große Überraschung für uns alle, als Elizabeth sagte: »Ich habe einen Film ausgeliehen, den wir alle gemeinsam am Wochenende schauen können.«

»Wirklich?«, hakte ich vorsichtig nach. »Welchen denn?«

»Mein Nachbar Totoro«, antwortete sie, »meine Freunde sagen, er sei super.«

Na, toll. Ich hatte noch nie etwas von diesem Film gehört, fand aber heraus, dass es sich um einen japanischen Animefilm von Hayao Miyazaki aus dem Jahr 1988 handelte, der ohne Altersbeschränkung freigegeben war.

Und so saßen wir vor dem Fernseher: Dan, ich und drei Teenager, um einen Kinderfilm zu sehen. Und trotzdem waren wir alle begeistert! In diesem ans Herz gehenden Film geht es um zwei Mädchen, die in Japan auf dem Land leben, zusammen mit ihrem Vater und der kranken Mutter. Die beiden entdecken Totoro, einen Waldgeist, der noch andere Waldgeister kennt.

In meiner Lieblingsszene pflanzen die beiden Mädchen in ihrem Garten lange Reihen mit Eicheln, um die bevorstehende Rückkehr ihrer Mutter aus dem Krankenhaus zu feiern. Leider wachsen die Eicheln nicht an, egal, wie sehr sie sich auch anstrengen. Eines Abends, kurz bevor sie aufgeben wollen, erscheinen Totoro und seine wundersame Geisterbande und erheben ihre Hände über dem Garten. Wie durch Zauberkraft beginnen die Eicheln zu keimen, aus den Samen werden Schösslinge, und aus den Schösslingen werden schließlich mächtige Bäume.

Was für eine magische Szene! Wie leicht vergisst man, was für ein Wunder es ist, dass aus einem Samen ein hoher Baum wird! Wir sind umgeben von Bäumen und gehen gedankenlos an ihnen vorbei, oft sehen wir sie gar nicht, sondern meistens nur dann, wenn ein Baum gefällt wird oder durch einen Sturm umgestürzt ist.

Bäume sind unsere Nachbarn ... unsere Inspiration ... ein machtvolles Symbol der Stärke und der Erdung, gleichzeitig aber auch ein Symbol für die Hingabe an den Lauf der Jahreszeiten. Seien Sie ein Baum!

ZWECK: Indem Sie intensiv auf Ihren Körper achten und bewusst langsam ausatmen, reagieren Sie schwächer auf den allgegenwärtigen Stress. Wenn wir uns dehnen und tief atmen, tanken wir Kraft. Wir recken und strecken uns und werden eins mit dem natürlichen Symbol für Stärke, Erdung und Wandel – dem Baum. Wir ziehen die Energie aus den Wurzeln nach oben. Wir verkörpern die Lebensenergie, die in diesem Baum steckt.

»Den Puls fühlen«

IMPULS: Sie fühlen sich besorgt, ängstlich oder einfach überfordert.

METHODE: Atmen Sie entspannt ein und aus. Fühlen Sie Ihren Puls, entweder am Handgelenk oder an der Halsschlagader. Konzentrieren Sie sich auf das leichte Pochen unter Ihren Fingerspitzen. Fühlen Sie das Leben in sich pulsieren. Zählen Sie Ihre Herzschläge, mindestens bis 20.

In den Jahren nach der Veröffentlichung meines ersten Buches »Transcending Loss« hatte ich viele Auftritte bei Veranstaltungen zur Trauerbewältigung überall in den USA. Zu einigen Terminen war ich mit dem Flugzeug unterwegs, manchmal fuhr ich mit dem Auto. Irgendwann im Jahr 1999 geschah etwas völlig Unvorhersehbares.

Ich hatte im Westen von Massachusetts einen Vortrag gehalten und wollte nach New Hampshire zurückfahren. Ich war müde, aber auch zufrieden, dass die Veranstaltung so gut besucht gewesen war. Ich saß im Auto und hörte Musik, als mich wie aus heiterem Himmel Herzrasen überfiel. Dann wurde meine linke Hand taub, meine Handflächen wurden kalt und feucht. *Oh mein Gott,* dachte ich. *Ist das ein Herzinfarkt?* Ich nahm die nächste Ausfahrt, parkte an der Tankstelle und ging in den Waschraum (der vor Dreck strotzte, dass es ein Wunder war, dass ich durch den Schock keinen richtigen Herzinfarkt bekam!). Ich betrachtete mich im Spiegel, und mit immer noch wild pochendem Herzen wurde mir klar, dass ich eine massive Panikattacke hatte.

Das war mir nicht fremd, aber während einer Autofahrt war mir das noch nie passiert. Es ist schwer, eine Panikattacke für jemanden zu beschreiben, der noch keine hatte. Es gibt eine ganze Reihe von Symptomen und verschiedene Intensitätsgrade. Nach meinem ersten Anfall hatte ich gelernt, die Anzeichen für aufkommende Panik einfach zu ignorieren (danach sind sie fast nie mehr aufgetreten). Aber damals, 1999, war es besonders schlimm.

Schnell wurde mir klar, wie dramatisch meine Lage war. Ich war noch fast drei Stunden von zu Hause entfernt, dort warteten drei kleine Kinder auf mich. Meinen Mann konnte ich demnach auch nicht bitten, mich abzuholen. Ich musste zurück ins Auto und es alleine schaffen. Doch ich hatte nur einen Wunsch: Mich auf dem Rücksitz in Fötushaltung zusammenzurollen und alles um mich herum zu vergessen.

Nach fünf Minuten hatte sich mein Herz noch immer nicht beruhigt. Ich startete den Motor, umklammerte mit den Händen das Lenkrad und fuhr wieder auf die Autobahn. Instinktiv griff ich mir mit der linken Hand an den Hals, um den Puls zu fühlen. Offensichtlich brauchte ich diesen Beweis, dass ich noch am Leben war. Oder vielleicht auch nur das Gefühl, den Grundpuls des Lebens zu spüren. Warum auch immer, ich tat es, und dieser einfache Handgriff verankerte mich mit der Realität. Ich schaffte es nach Hause. Und seit diesem Tag habe ich die »Puls fühlen«-Übung schon oft praktiziert, um mich zu erden und zu beruhigen.

ZWECK: Wenn wir Kontakt mit unserem Herzschlag aufnehmen und unseren Körper bewusst stillhalten, beginnen wir uns zu entspannen. Denken Sie daran, dass alle Säugetiere einen Puls haben. Unseren inneren Taktgeber wahrzunehmen erdet uns nicht nur, sondern verbindet uns auch mit allem Leben.

»Augenzeuge«

IMPULS: Nach dem Ausschalten des Computers oder des Fernsehers, noch bevor Sie etwas Neues anfangen oder wenn Sie einfach eine neue Perspektive brauchen.

METHODE: Reiben Sie Ihre Handinnenflächen schnell aneinander, so dass eine leichte Hitze entsteht. Dann legen Sie die Hände über die Augen. Entspannen Sie das Gesicht unter den warmen Händen. Spüren Sie den Druck der Finger auf der Stirn und die Handflächen über den Augenhöhlen. Registrieren Sie die Temperatur – wie warm sind Ihre Handinnenflächen? Sind die Fingerspitzen kälter? Nach einiger Zeit (etwa einer Minute) lösen Sie die Hände vom Gesicht, öffnen Sie die Augen und stellen Sie sich vor, Sie sähen die Welt mit ganz neuen Augen, als wären Sie gerade von einer langen und beschwerlichen Reise zurückgekehrt.

Ich hatte das große Glück, vier Jahrzehnte lang gut zu sehen. Als ich dann zum Lesen eine Brille brauchte, war ich schockiert. Los ging es mit der Speisekarte im Restaurant. »Warum ist hier kein gescheites Licht?«, murmelte ich. Aber das Licht war es nicht.

Ich kaufte im Supermarkt Lesebrillen, eine für die Tasche, eine fürs Auto, eine für jeden Raum meiner Wohnung. Mit der Zeit wurde die Dioptrienzahl immer höher: 1.0., 1.5. und schließlich 2.0. Eines Tages las ich einen Artikel über chinesische Qi-Gong-Augenübungen, wodurch die Sehfähigkeit verbessert werden könnte. Ich begann regelmäßig zu trainieren und hatte sofort Erfolg, meine Augenmuskeln entspannten sich. Obwohl ich immer noch eine Lesebrille brauchte, eröffnete mir diese Übung neue Perspektiven, die Chance, die Welt mit anderen Augen zu sehen.

Damals hatte ich gerade »Cast Away – Verschollen« mit Tom Hanks im Kino gesehen. In diesem Film überlebt der Hauptdarsteller einen Flugzeugabsturz und muss mehr als vier Jahre, von der Außenwelt abgeschnitten, auf einer einsamen Insel verbringen. Er schläft in einer Höhle, sammelt das Regenwasser und isst rohen Fisch. Ich verließ das Kino mit einer ganz neuen Wertschätzung für die Dinge des täglichen Lebens, von Schuhen bis zu Gemüseläden, von weichen Betten bis zu Zahnärzten (stellen Sie sich vor, Sie müssten sich selbst einen Zahn ziehen!).

Zu Hause angekommen, bedeckte ich meine Augen mit beiden Händen und stellte mir vor, ich wäre irgendwo gestrandet. Als ich dann meine Augen wieder öffnete, sah ich mein Leben kristallklar, eine moderne Welt voller Wunder und Annehmlichkeiten. Experimentieren Sie bei dieser Übung mit Situationen, die für Sie passen: der Flucht aus dem Reich der Toten, der Befreiung aus einer unterirdischen Höhle oder der Rückkehr von einer Zeitreise in die Gegenwart. Wow! Das Leben ist schön!

ZWECK: Indem wir unseren Augen und unserem Geist etwas Ruhe gönnen, verankern wir uns im Hier und Jetzt. Die Welt mit neuen Augen zu sehen eröffnet neue Perspektiven und erzeugt Dankbarkeit.

»Flinke Füße«

IMPULS: Während der Werbepausen im Fernsehen. Schalten Sie in dieser Zeit am besten den Ton aus, damit Sie nicht abgelenkt werden.

METHODE: Legen Sie einen nackten Fuß in den Schoß und verflechten Sie die Finger der gegenüberliegenden Hand mit den Fußzehen (kleiner Finger neben kleinem Zeh, Zeigefinger neben großem Zeh). Spreizen Sie die Zehen weit auseinander und dehnen Sie den Fuß vor und zurück. Spüren Sie in Ihren Fuß hinein, nehmen Sie die Knochen und die Gelenke wahr und verinnerlichen Sie, dass es die Füße sind, die Ihr ganzes Körpergewicht tragen.

Ich wurde mit langen, schmalen »Sichelfüßen« geboren, die einwärts gerichtet waren ... und ich lief über den großen Zeh. Meine Mutter massierte mir jahrelang (sagte sie jedenfalls) die Füße, um die Fehlstellung zu korrigieren. Als Kleinkind musste ich Spezialschuhe tragen. Zum Glück hat sich das Problem nach und nach verwachsen, und ich fühlte mich ganz normal. Jedenfalls fast.

Fakt blieb, dass ich lange, schmale Füße habe. Und je älter ich wurde, desto länger und schmaler wurden sie (zuletzt Schuhgröße 43, superschmal). Nur in Spezialgeschäften gab es Schuhe, die mir passten. Ich kam mir vor, als hätte ich Clownsfüße, nur eben schmal wie ein Lineal. Wenn ich in normalen Läden nach Schuhen in meiner Größe gefragt hätte, wäre ich ausgelacht worden.

Als Erwachsene wurde es leichter, inzwischen konnte ich Schuhe online bestellen. Und ich zog dicke Socken an, wenn die Schuhe immer noch zu weit waren. Ich lernte meine Füße zu tolerieren, wenn auch nur widerwillig.

Dann geschahen zwei interessante Dinge. Als mein zweiter Ehemann das erste Mal meine nackten Füße sah, schwärmte er: »Du hast die schönsten Füße der Welt.« (Seufz! Wie sollte ich mich nicht in diesen Mann verlieben?) Er bezeichnete sie als grazil (das musste ich erst im Lexikon nachschlagen, dort stand »zartgliedrig« und »anmutig«). Danach sah ich meine Füße mit anderen Augen.

Die zweite Veränderung begann in einem Yogaretreat, wo der Lehrer uns dazu aufforderte, die Finger mit den Zehen zu verflechten. Das hatte ich vorher noch nie getan, aber es war wie eine Massage, entspannend und wohltuend.

Ich beugte und streckte meine Füße, wiegte sie hin und her und spürte Zärtlichkeit in mir aufsteigen. Ihr seid wundervolle Füße, ihr habt mich fast ein halbes Jahrhundert durch Höhen und Tiefen getragen! Ihr seid nützliche Füße! Verlässliche Füße! Ich danke euch!

ZWECK: Diese meditative Übung aktiviert den Parasympathikus und wirkt entspannend. Indem wir den Füßen die Möglichkeit zur Dehnung geben, drücken wir unsere Dankbarkeit aus, dass sie uns Tag für Tag durchs Leben tragen. Dankbarkeit ist einer der Schlüssel zum inneren Frieden.

»Runterfahren«

IMPULS: Ihr Herz rast.

METHODE: Zählen Sie ganz langsam in Dreierschritten ab 100 rückwärts (100, 97, 94, 91 ...). Stellen Sie sich vor, Sie verringern bei jedem Schritt Ihren Herzschlag. Drehen Sie dabei mit der Hand eine imaginäre Wählscheibe gegen den Uhrzeigersinn und atmen Sie nach jeder Drehbewegung tief aus.

Mit zehn war meine Tochter ein wahres Energiebündel (später als Teenager war sie nicht anders). Sie geht auf die Menschen zu, ist extrovertiert und voller Emotionen. Ich erinnere mich an einen Abend in einer Pizzeria, einen riesigen höhlenartigen Raum mit einer Gewölbedecke und lauter Musik. Von einem Schokoshake und dem Lärm aufgeputscht, wurde sie im Verlauf des Abends aufgedreht und hektisch.

Unvermittelt sagte ihr zwei Jahre älterer Bruder zu ihr: »Ich muss dich mal runterfahren, Victoria.« Dann drehte er seine Hand gegen den Uhrzeigersinn im Kreis. Ich lachte und überlegte, wo er so etwas gelernt haben könnte. Als ich nachfragte, meinte er, das wisse er selbst nicht. Aber wie durch ein Wunder funktionierte es, und Victoria begann sich zu beruhigen.

Eingedenk dieser Erfahrung stellte ich mir die Frage, ob man außer dem Energielevel auch schlechte Laune oder gar die Herzfrequenz »runterfahren« könne. Ich selbst kenne die Auswirkungen von Adrenalinschüben nur zu gut, sei es durch aufflammende Gefühle (immerhin bin ich rothaarig) oder Lampenfieber.

Obwohl ich von Kindheit an daran gewöhnt bin, vor Publikum aufzutreten, habe ich auch heute noch Lampenfieber. Aber es ist schon besser geworden. Wenn ich früher wusste, dass ich am Abend auftreten sollte, wachte ich morgens schon mit Herzrasen auf. Heute versuche ich mich an solchen Tagen »runterzufahren« und nehme mir ausreichend Zeit dazu.

Indem ich meine Aufmerksamkeit darauf richte, in Dreierschritten von 100 rückwärts zu zählen, lenke ich meinen Geist von meinem bevorstehenden Auftritt ab, weil ich mich auf das Zählen konzentrieren muss.

Dermaßen entspannt, steht dem Erfolg nichts mehr im Weg!

ZWECK: Indem wir unser Gehirn nutzen, um unseren Herzschlag zu verlangsamen, beginnt sich unser Körper automatisch zu entspannen und wird in einen friedlichen Zustand versetzt.

Angst, ein Gefühl, das sich oft durch Herzrasen zeigt, kann als gewaltiger Energiestrom versinnbildlicht werden, der vorübergehend in die falsche Richtung fließt. Wenn wir dies verinnerlichen, können uns der Atemrhythmus und die Vorstellungskraft helfen, die Energie wieder in die richtige, positive Richtung zu lenken.

Denke noch mal nach!

Übungen, die den Geist beruhigen

Wenn Sie schon einmal an einer klassischen Sitzmeditation teilgenommen oder einfach nur versucht haben, Ihren Geist vor dem Einschlafen zur Ruhe zu bringen, werden Sie wissen, dass der Verstand ungewollt immer wieder von Gedanke zu Gedanke springt und kaum in den Griff zu bekommen ist. Die Buddhisten nennen dies »Monkey Mind«, den Affen im Kopf, der von Ast zu Ast springt.

Nachdem Dan und ich während unserer Balireise einen der vielen Affenparks besucht hatten, bekam dieser Begriff für mich noch einmal eine ganz andere Bedeutung. Ich war aufgeregt, bevor ich den Heiligen Affenwald betrat, der für seine friedlichen, aber spitzbübischen Langschwanzmakaken bekannt ist. Ich liebe Tiere (ich war eines dieser Mädchen, die in ihrer Kindheit unbedingt Tierärztin werden wollen), aber dieses Abenteuer war anders, als ich es mir vorgestellt hatte. Es erinnerte mich ein wenig an einen früheren Familienausflug in einen Safaripark. Dort lebten auch Affen, die auf die Windschutzscheiben der Autos sprangen (stellen Sie sich zwei kleine Mädchen vor, die in einem Kombi saßen und vor Begeisterung quietschten). Aber dieses Mal war ich nicht im Auto, und es gab auch keine Windschutzscheibe, die mich schützen konnte.

Wir beobachteten ein putziges Äffchen, das neben dem balinesischen Steintor saß und versuchte, einem Obstverkäufer Bananen zu stehlen. Als wir uns auf den Weg zu einem dschungelähnlichen Wald machten, sprangen uns die dreisten Äffchen auf die Schultern und klammerten sich an unseren

Köpfen fest. Sie griffen nach Dans Sonnenbrille und zogen an meinen Ohrringen. Es war zwar nervig, aber auch faszinierend. Wir schafften es bis zu einer Bank im Zentrum des Parks, wo wir mehr als eine Stunde lang zusahen, wie die Makaken Touristen auf den Schoß sprangen, ihre Rucksäcke ausräumten und auch sonst ziemlich viel Unfug machten ... genau so sieht es in unserem Geist auch aus.

Wenn ich das größte Hindernis auf dem Weg zum inneren Frieden benennen müsste, würde ich den Verstand wählen. Einerseits kann er die Quelle für Wohlbefinden und Lebensqualität sein, andererseits aber auch ein Hemmschuh. Der Verstand kann schwierige Situationen schwieriger, Stress stressiger und aus einer Maus einen Elefanten machen. Und er ist so raffiniert, dass wir die meiste Zeit gar nicht merken, dass er für unsere Schwierigkeiten verantwortlich ist.

Hier nun ein Beispiel, das ich auch oft auf Workshops verwende, um zu demonstrieren, wie verschiedene Gedanken zu verschiedenen Gefühlen führen können. Die Ausgangssituation: John ist eine halbe Stunde zu spät, steht im Stau und hat sich nicht gemeldet. Susan ist zu Hause und wartet. Wie sie sich fühlt, hängt von ihren Gedanken ab.

Susans Gedanke Nr. 1: *Oh, sehr gut. Wenn John später kommt, kann ich die Show im Fernsehen zu Ende schauen. Ich kann diese gewonnene Zeit für mich nutzen.*
Ihr Gefühl, das aus diesem Gedanken entsteht: Dankbarkeit, Erleichterung.

Susans Gedanke Nr. 2: *Oh je. Warum ist John noch nicht zu Hause, und warum hat er noch nicht angerufen? Vielleicht hatte er einen Unfall? Oh, mein Gott! Was soll ich nur machen?*

Ihr Gefühl, das aus diesem Gedanken entsteht: Angst, Aufregung, Unruhe.

Susans Gedanke Nr. 3: *Wo zum Teufel steckt John? Das ist doch verdächtig, dass er noch nicht angerufen hat. Ist er immer noch im Büro? Vielleicht hat er eine Affäre. Ich könnte ihn umbringen!*
Ihr Gefühl, das aus diesem Gedanken entsteht: Wut, enttäuschtes Vertrauen.

Sehen Sie, wie hinterhältig der »Monkey Mind« ist? Im Allgemeinen hört der Geist eigentlich nie auf, »herumzugeistern«. Aber die gute Nachricht ist, dass wir nicht allen Gedanken Beachtung schenken müssen. Wenn Susan ihre Gedanken einfach nur beobachtet, sie kommen und wieder hätte gehen lassen und sich nicht in ihnen verstrickt hätte, hätte sie vielleicht einfach den Telefonhörer in die Hand genommen, um herauszufinden, was tatsächlich mit John los war.

Die folgenden Übungen haben das Ziel, den Gedanken die Macht über unsere Wahrnehmung des Faktischen zu nehmen. Sie sollen helfen, dass der Verstand unser bester Freund und nicht unser schlimmster Feind wird. Der Schlüssel zum Erfolg ist eine veränderte Wahrnehmung unseres Verstands: Er ist ein Werkzeug, um Gedanken zu organisieren und Fakten zu filtern. In den östlichen Traditionen nennt man Menschen, die diese Fähigkeit haben, »erwacht«. Forschungen auf dem Gebiet der Neuroplastizität unterstützen die Annahme, dass wir durch Selbstreflexion neue neuronale Verknüpfungen entstehen lassen können, die förderlich für unsere geistige Gesundheit sind. Zu lernen, wie der Geist arbeitet und was er leisten kann, ist eine elementare Voraussetzung für inneren Frieden.

»Zeitreise«

IMPULS: Die momentanen Umstände überfordern oder ver-
ängstigen Sie.
METHODE: Schließen Sie die Augen, atmen Sie tief ein und
fragen Sie sich: »Wird das in einem Jahr noch eine Rolle für
mich spielen? In fünf Jahren? In fünfzig Jahren?« Stellen Sie
sich mit jedem Zeitsprung vor, wie Sie in der Zukunft auf die
Situation blicken werden, die gerade hinter Ihnen liegt.

Mein Mann und ich lieben es, im nahen Friedhof zu picknic-
ken, aber natürlich nur tagsüber. Das bedeutet aber nicht,
dass wir makaber oder vom Tod besessen sind. Ehrlich gesagt
haben wir einfach keinen Park bei uns in der Nähe, und der
Friedhof ist ein ruhiger, würdiger Ort. Aber es gibt dort noch
etwas anderes, das uns guttut: den Frieden mit denen zu teilen, die die Ängste des Lebens schon hinter sich gelassen haben. *Entspann dich,* scheinen sie zu flüstern. *Genieße die kleinen Freuden des Lebens.*
Wir leben in einer Kultur, die mit dem Tod nichts zu tun haben möchte, aber viele weise Menschen sagen, dass der Tod
unser größter Lehrer ist. Sich mit dem Sensenmann anzufreunden kann zu bemerkenswerten Einsichten führen. Dan
und ich gehen zwischen den grasbewachsenen Grabhügeln
herum und betrachten die kunstvoll gravierten Steine. Da
gibt es Burt und Ida, die im Abstand von 15 Jahren gestorben
sind, 1891 und 1876. Oder Martha, die während ihres 66 Jahre währenden Lebens drei Kinder begraben musste. Oder Sa-
muel, der im Jahr 1850 im zarten Alter von acht gestorben
ist. Dort gibt es Dutzende von Babys, Geschwistern und Ehe-
leuten, die ihr Leben gelebt haben, ihre Toten betrauerten
und an ihren Schwierigkeiten fast verzweifelt sind. Sie haben

die Höhen genossen und die Tiefen durchlitten, und jetzt ist ihr Leben vorüber.

Denken die hier Begrabenen noch an den letzten Orkan, an die Aussaat und die Ernte? Belasten sie noch die politischen Auseinandersetzungen, der Streit mit den Verwandten, finanzielle Engpässe? Und ich? Wird es in fünf Jahren noch eine Rolle spielen, wo meine Tochter demnächst aufs College gehen wird? Dann wird sie das College bereits verlassen und sich ins nächste Abenteuer mit unbekanntem Ausgang aufgemacht haben. Werde ich mich dann noch an die Rechnung für das Kabelfernsehen erinnern? Oder wird mich der kurze Streit mit meiner Schwester noch beschäftigen?

Machen Sie eine geistige Zeitreise, geben Sie sich die Chance, verstehen zu können, dass sich die meisten Situationen auf die eine oder andere Weise von selbst lösen. Jede Situation geht irgendwann vorbei. Gibt es tatsächlich eine aktuelle Situation, die es wert ist, dafür den inneren Frieden aufzugeben? Tun Sie, was zu tun ist, und vergessen Sie dabei nicht, dass eines Tages all das Vergangenheit sein wird.

ZWECK: Eine größere Achtsamkeit für die alltäglichen Momente zu entwickeln eröffnet Perspektiven für ein Leben mit weniger Stress. Sich vorzustellen, wie man in der Zukunft darüber denken wird, gibt uns den nötigen Weitblick für unsere jetzigen Lebensumstände. Mit etwas Distanz können wir tiefer atmen, loslassen, entspannen und das Leben fließen lassen.

»Diktat aufnehmen«

IMPULS: Ihre Gedanken fahren Karussell.
METHODE: Nehmen Sie sich Papier und Stift zur Hand, halten Sie etwa drei Minuten inne und notieren Sie danach, was Ihnen in den Kopf kommt.

Teil 1: Folgen Sie Ihrem Bewusstseinsstrom und notieren Sie jeden Gedanken. Zum Beispiel: *Das ist eine dämliche Übung. Ich weiß nicht, was ich schreiben soll. Oh, was gibt's eigentlich zum Abendessen? Ich weiß gar nicht, wer Bobby vom Training abholt. Ich werde noch wahnsinnig – wie soll ich das alles schaffen?*

Teil 2: Lesen Sie sich Ihre Notizen noch mal durch und nehmen Sie dabei die Beobachterperspektive ein. Zum Beispiel: »Oh je, das klingt wirklich sehr gestresst. Man merkt, wie sie sich selbst verrückt macht.«

Als ich 1985 meinen Collegeabschluss machte, hatte ich keinen Job. Trotzdem entschied ich mich für eine Stadt, in der ich leben wollte, und mietete mir eine kleine Wohnung. Im Rückblick kann ich kaum glauben, was für ein Glück ich hatte.
Ich zog nach New York, ohne Job, ohne Freunde und ohne Perspektive (es gibt Menschen, die das Wahnsinn nennen würden). Jeden Tag studierte ich die Stellenanzeigen und stellte mich bei Zeitarbeitsfirmen vor, wo man mir vorschlug, meine Anschlagzahl zu testen, und man mich fragte, ob ich ein Diktat aufnehmen und Steno könne. In dieser Zeit gehörten Computer noch nicht zum Standard eines amerikanischen Büros, aber selbst damals hörten sich diese Fragen nach meiner Qualifikation schon antiquiert an.

Ich konnte recht flott tippen, und deshalb bekam ich nach kurzer Zeit befristete Jobs angeboten, von denen einer sogar zur Festanstellung wurde (zumindest für eine gewisse Zeit). Aber ich werde nie vergessen, wie lustig allein der Gedanke für eine Liberal-Arts-Absolventin war, ein Diktat aufzunehmen.

Diese Übung ist ideal, um sich selbst zu beobachten, indem man sich *seine eigenen Gedanken* diktieren lässt. Seinen Geist zu beobachten und sich ein wenig davon distanzieren zu können macht frei. *Oh, da ist ja wieder mein nervöser Geist, der sich darüber Sorgen macht, was mein Chef wohl denken könnte.* Oder: *Ja, da sind wieder meine Ängste, die mich daran hindern, an Veranstaltungen mit vielen Leuten teilzunehmen.* Oder: *Da sind sie wieder, die alten Denkmuster, die Angst, nicht genug Geld zu verdienen.*

Weil wir nicht allen Gedanken Glauben schenken müssen, die das Gehirn uns vorgibt, können wir sie beobachten, sie benennen, über sie lachen und sie dann wieder ziehen lassen. Wir können damit anfangen, sie als das einzuordnen, was sie sind: nur Gedanken, die nicht zwangsläufig die *Realität* sind.

ZWECK: Wenn wir unsere Gedanken zu Papier bringen, können wir sie mit mehr Objektivität betrachten. Wir lösen uns dadurch von negativen Denkmustern und verringern den Stress. Wir beginnen Strukturen und sich ständig wiederholende Gedanken zu erkennen, die wenig hilfreich für uns sind. Indem wir das tun, verbessern wir die Fähigkeit, unseren Geist und seine Denkmuster zu verstehen und wie wir darauf reagieren. Dadurch schaffen wir die Grundlage für modifizierte Verhaltensweisen.

»Nicht vergessen!«

IMPULS: Sie stehen in einer Schlange oder müssen auf etwas warten (einen Download, beim Arzt, auf ein Rezept, auf einen Anruf).

METHODE: Stellen Sie sich die Frage: »Was darf ich nicht vergessen?« Und zwar immer wieder, bis sie zu wesentlichen Antworten kommen, wie zum Beispiel: »Das, was im Leben wirklich zählt.« Oder: »Dass ich meinen Mann liebe und mir unsere Beziehung wichtig ist«, »dass ich glücklich darüber bin, gesunde Kinder zu haben«, »dass ich dankbar für mein Leben bin«, »dass auf meinem Totenbett keines meiner jetzigen Probleme wichtig sein wird«, »dass alles vergänglich ist«. Wenn Ihnen diese Antworten in den Kopf kommen, nehmen Sie gleichzeitig die damit verbundenen Gefühle wahr und lassen diese in Ihren Körper fließen.

Ich habe das Privileg, seit mehr als 20 Jahren Vorträge über Trauer halten zu dürfen. Privileg deshalb, weil ich, wo immer ich auch darüber spreche, die Zuhörer mit einem sensiblen, zutiefst persönlichen Thema konfrontiere. Egal, ob auf einem Psychologenkongress oder vor einer Gruppe interessierter Zuhörer im Gemeindesaal. Wir alle haben schon Verlusterfahrungen gemacht, eine der elementarsten Erfahrungen überhaupt. Deshalb reagiert das Publikum fast immer emotional und warmherzig.

Wenn mein Vortrag zwei Stunden oder länger dauert, verwende ich PowerPoint-Präsentationen und DVD-Clips, um auch visuelle Impulse zu setzen. Viele Jahre lang habe ich einen Ausschnitt aus dem Disney-Klassiker »König der Löwen« gezeigt. In diesem Zeichentrickfilm erlebt der kleine Löwe Simba mit, wie sein Vater Mufasa stirbt. Simba glaubt, dass er am Tod seines Vaters mitschuldig ist, auch wenn er nicht weiß, warum. Die Schuldgefühle werden so groß, dass er von zu Hause wegläuft und lange Jahre im Dschungel lebt. Es gibt eine Szene, in der Mufasas Geist am Himmel erscheint und mit seinem verängstigten Sohn spricht. Er macht ihm klar, dass er vergessen hat, wer er ist (nämlich der König der Löwen), und nach Hause zurückkehren muss, um seinen Platz im Kreislauf des Lebens einzunehmen. Und er fügt hinzu: »Vergiss nicht, wer du bist, Simba. Du bist mein Sohn und der einzig wahre König.«

So geht es vielen von uns. Nicht, dass wir Könige werden müssten, das natürlich nicht, aber wir vergessen, wer wir sind, nämlich ein Teil des Kreislaufs des Lebens. Wir vergessen, was wirklich zählt (und das sind nicht etwa Reichtum oder Status). Wir verzetteln uns in Details, in E-Mails, To-do-Listen, Verpflichtungen, Erwartungen und Enttäuschungen. Wir vergessen, die Schönheit des Lebens wahrzunehmen, den täglichen Segen, den uns jeder einzelne Atemzug schenkt.

Trauernde haben erfahren müssen, wie vergänglich das Leben ist, wie kurz und wie kostbar. Diese Übung hilft uns, innezuhalten und uns daran zu erinnern, dass das Leben ein *Geschenk* ist.

ZWECK: Indem wir positive Gefühle pflegen, vermindern wir unseren Stress. Unsere Gedanken wieder auf die wichtigen Dinge des Lebens zu lenken, hilft uns, aus negativen und Stress fördernden Denkstrukturen auszubrechen. Wenn wir uns daran erinnern, was für uns wirklich wichtig ist, unterstützen wir das Gefühl der Dankbarkeit und den inneren Frieden.

»Finde die Freude«

IMPULS: Eine schwierige oder unbehagliche Situation.
METHODE: Denken Sie in einer unangenehmen Situation an drei Dinge, für die Sie dankbar sind. Das können Dinge sein, bei denen Sie dankbar sind, dass sie nicht geschehen, oder aber auch solche, bei denen Sie dankbar sind, dass sie passiert sind. Fühlen Sie die Dankbarkeit, lächeln Sie. Das Motto dieser Übung ist: »Schlimmer geht's immer.«

Eines Sommerabends gingen meine Mutter und ich in der Nähe des Smithsonian Museum in Washington spazieren. Ein stürmischer Wind fegte durch die Straßen, und schwarze Wolken schoben sich vor die Sonne. Wir wussten, dass es gleich regnen würde, aber bis zu unserem Auto war es noch ein Stück Weg, und wir hofften, dass wir es noch trocken bis zum Parkplatz schaffen würden!
Es blitzte, und der Donner grollte. Eine Windböe fegte mir die Kappe vom Kopf. Und dann brach das Unwetter los. Die Leute um uns herum flüchteten sich in den nächstgelegenen Museumseingang. Der Regen prasselte auf uns nieder, und binnen weniger Augenblicke waren wir nass bis auf die Knochen. Wir stürzten den anderen nach und fanden uns im Foyer des Museums wieder, inmitten jammernder und fluchender Menschen.
Meine Mutter seufzte und nörgelte, das gefiel ihr gar nicht. Den anderen ging es genauso, sie versuchten die weinenden Kinder zu beruhigen. Ich schloss die Augen, atmete tief ein und sagte: »Ich finde, das ist ein guter Zeitpunkt für das Such-die-Freude-Spiel.«
»Was soll das denn sein?«, fragte meine Mutter.
»Das Spiel hat Pollyanna erfunden. Ich spiele es immer mit den

Kindern.« Pollyanna ist eine beliebte Romanfigur aus einem gleichnamigen Kinderbuch von Eleanor H. Porter, das bereits 1913 erschienen ist. Pollyanna hat eine optimistische Lebenseinstellung und die Gabe, über alles froh zu sein, auch wenn die Situation noch so schlimm ist. Seitdem ich das Buch gelesen hatte, benutzte ich diese Strategie immer dann, wenn eine Situation schwierig war.

»Ich fange an«, schlug ich vor: »Ich bin froh, dass ich mit meiner Mutter zusammen bin« (wir leben weit entfernt voneinander, und es ist immer schön, Zeit miteinander zu verbringen). »Ich bin froh, dass ich kein weinendes Kind dabeihabe« (von weinenden Kindern umgeben zu sein ist stressig, aber wenn es die eigenen sind, fühlt man sich auch noch verantwortlich dafür). »Und ich bin froh, dass ich mich nicht übergeben muss« (diesen Satz sage ich immer, das ist bei uns der »running gag«). Meine Mutter lachte und machte mit: »Ich bin froh, dass wir uns im Museum unterstellen konnten. Ich bin froh, dass unser Auto ganz in der Nähe parkt. Und ich bin froh, dass ich mit meiner Tochter zusammen bin« (an dieser Stelle umarmten wir uns). Zugegeben, wir standen triefend nass auf engstem Raum mit vielen Menschen zusammen, dicht gedrängt wie die Ölsardinen in einer Büchse. Aber wir hatten einen Weg gefunden, uns von der unangenehmen Situation abzulenken und unsere Energie in Richtung Freude und Dankbarkeit umzuleiten.

ZWECK: Indem wir uns auch in herausfordernden Situationen auf das Positive konzentrieren, lernen wir, unseren Gedanken eine neue Richtung zu geben und nicht in Selbstmitleid zu versinken. Freude, Dankbarkeit und eine neue Perspektive bringen uns direkt zum inneren Frieden.

»Nimm mich mit«

IMPULS: Stress oder das Bedürfnis nach einer Pause.

METHODE: Schließen Sie die Augen und träumen Sie sich in den Urlaub zurück, bei dem Sie sich am besten entspannen konnten. War es der Angelurlaub im letzten Jahr? Oder die Rundreise durch Europa? Oder der Zelturlaub im Naturschutzgebiet? Oder der Badeurlaub am fernen Südseestrand? Wählen Sie ein Erlebnis aus, das mit dieser friedlichen und glücklichen Zeit verknüpft ist, und erlauben Sie sich, dieses Gefühl zu reaktivieren. Versuchen Sie sich an so viele Details wie möglich zu erinnern: Wie war damals das Wetter? Was hatten Sie an? Erinnern Sie sich an einen Geschmack oder einen Geruch? Was haben Sie gesehen oder gehört? Atmen Sie die Erinnerung tief in Ihren Körper ein und genießen Sie es.

Ich erinnere mich noch gut an den einen oder anderen Werbespot aus meiner Jugendzeit. Unvergessen ist ein Clip aus dem Jahr 1980, wo eine völlig aufgelöste Frau ein Schaumbad namens Calgon zu Hilfe ruft, um aus dem Alltagsstress flüchten zu können. Man sieht die entnervte Hausfrau erst vor einer Horde kreischender Kinder, dann zusammen mit einem anmaßenden Chef und einem kläffenden Hund. Und sie ruft: »Calgon, nimm mich mit!« Und schon schwebt sie in eine Badewanne voller Schaum, wo sie in wohliger Ruhe entspannen kann.

Wer auf diese Weise aus dem Alltag flieht, lässt To-do-Listen und Stress hinter sich und kann neue Kraft tanken. Wer einen »Kurzurlaub im Geist« macht, aktiviert das Gefühl der Entspannung. Egal, ob Sie sich auf den geliebten Zeltplatz oder in den Abenteuerurlaub zurückträumen, für einen Moment sind Sie wieder »vor Ort«. Statt sich zu erinnern, können Sie sich auch in die Zukunft träumen oder Ihrer Phantasie freien Lauf lassen.

Nehmen Sie sich einen »Schaumbad-Moment«, schließen Sie die Augen und träumen Sie sich an einen Ort fernab jeder Alltagsroutine. Das wird meistens mit einer Urlaubsreise verbunden sein, selbst wenn es nur ein Kurztrip zu Verwandten in der Nähe war.

Werden Sie eins mit einer schönen Erinnerung (oder einem Traum) und erleben Sie diese Vision so detailliert wie möglich: Lassen Sie sich von ihr davontragen.

ZWECK: Indem wir unsere Gedanken auf Erinnerungen an einen friedlichen Ort und eine glückliche Zeit richten, werden wir an unser Potenzial für inneren Frieden erinnert. Das weckt die Lebensgeister und hebt die Stimmung.

»Kommando zurück!«

IMPULS: Sie ertappen sich dabei, negative Wörter und Sätze zu formulieren.

METHODE: Sobald Ihnen auffällt, dass Sie sich zu einer bestimmten Situation, einer anderen Person oder sich selbst negativ äußern, halten Sie einen Moment inne, gehen Sie gedanklich einen Schritt zurück und ersetzen Sie die negativen durch positive Wörter. Wenn Sie sich zum Beispiel sagen hören: »Dieser Job macht mich wahnsinnig, ein wahrer Alptraum«, versuchen Sie es mit: »Kommando zurück! In der letzten Zeit war der Job eine echte Herausforderung für mich.« Wenn Sie die Tragweite Ihrer Gedanken frühzeitig erkennen, können Sie versuchen, sie zu ersetzen – noch bevor Sie die Worte ausgesprochen haben. Beispiele für negative Wörter sind: schrecklich, furchtbar, entsetzlich, jämmerlich, katastrophal, verheerend, verhasst, verrückt, wahnsinnig, überwältigt, furchtbar, Alptraum ... Streichen Sie diese Wörter aus Ihrem Vokabular und ersetzen Sie sie durch: herausfordernd, ausgelastet, reichlich, Entwicklungsmöglichkeiten, lehrreiche Erfahrungen, wertvolle Momente, faszinierend, neugierig ...

Ich bin in Texas aufgewachsen. Meine Großmutter war eine Südstaatlerin durch und durch. Aufgewachsen in Paris, Texas, hatte sie es bis zu einer Art Schönheitskönigin gebracht. Bei einem Wettbewerb war sie zur Miss Paris gekrönt worden. Zu ihrem Kleinstadtglamour gesellten sich noch andere für die Südstaaten typische Qualitäten: Sie konnte Maisgrütze kochen, Steaks auf texanische Art, Okragemüse und Kuhbohnen braten und Chess Pie backen. Außerdem konnte sie nach Gehör Klavier spielen, ihr Paradestück war »Harvest Moon«. Und sie war rechthaberisch.

Wenn ich mit meiner Schwester bei Großmutter zu Besuch war, hatten wir Kinder oft Streit, meist ging es um eine Puppe oder ein Spielzeug. Großmutter brüllte: »Schluss jetzt!« Das beeindruckte uns meist gar nicht, bis sie schließlich damit drohte, uns mit einem hölzernen Kochlöffel auf die Fingerknöchel zu schlagen (und das hätte sie sicher auch gemacht, weshalb wir sofort aufhörten).

Großmutter sammelte Porzellankatzen, mit denen wir Kinder stundenlang spielen, um die wir aber auch nach allen Regeln der Kunst streiten konnten.

»Das ist meine Katze!«, schrie meine Schwester.

»Du bist so was von blöd. Gib sie sofort wieder her!«, brüllte ich zurück.

Dann erschien Großmutter und belehrte uns in strafendem Ton: »Diese Art zu sprechen ist wirklich hässlich, und wer diese abscheulichen Schimpfwörter benutzt, ist genauso hässlich, selbst wenn man noch so hübsch ist.«

Ich bin nicht sicher, ob sie damit Erfolg hatte, aber ich denke oft an sie, wenn ich mich und andere heute gedankenlos Sätze wie diese sagen höre: »Unser Urlaub war ein komplettes Desaster.« »Mein Job überfordert mich maßlos und macht mich wahnsinnig.« »Den Job zu verlieren war ein Alptraum für die Familie.« »Für diese blöde Zicke zu arbeiten ist die Hölle.«

Harte und verletzende Wörter fühlen sich negativ, dunkel und entmutigend an. Sie schaffen ein Gefühl der Verzweiflung und Nichtachtung, allein wenn man sie ausspricht. Wenn Sie spüren, dass Ihre aktuelle Situation herausfordernd oder gar bedrohlich ist, können Sie diese Übung nutzen, um Ihre Gedanken auf Dankbarkeit, Optimismus und/oder Akzeptanz zu lenken. Streichen Sie negative Begriffe aus Ihrem persönlichen Wortschatz. Und wenn Ihnen doch noch einer auffällt – gehen

Sie einen Schritt zurück und ersetzen ihn durch ein freundlicheres Wort.

ZWECK: Indem wir negative Wörter aus unserem Denken und Sprechen verbannen, schaffen wir den nötigen Raum für positive Energie, Optimismus und Hoffnung. Selbst wenn sich die Umstände in unserem Leben nicht ändern, wird das »Säubern« unserer Sprache eine Veränderung der Energieströme herbeiführen, wodurch wir uns besser fühlen. Es spielt eine Rolle, was und wie man etwas sagt!

»Können Sie das noch einmal sagen?«

IMPULS: Vor dem Checken der eingegangenen E-Mails und/
oder bevor Sie auf »Senden« klicken.
METHODE: Atmen Sie tief ein und wiederholen Sie einen positiven Satz (oder ein positives Wort), während Sie tief und langsam ausatmen. Zum Beispiel: »Ich vertraue mir.« »Indem ich
meinen Geist beruhige, entspanne ich meinen Körper.« »Alles
ist so, wie es sein soll.« »Frieden.« »Freude.« »Om.« »Ich bin von
Frieden erfüllt.« »Lass es geschehen.« »Auch das wird vorbei-
gehen.« »Ich akzeptiere, was ist.« Oder: »Auch morgen geht die
Sonne wieder auf.« Schließen Sie die Augen und sprechen Sie
Ihr Mantra laut aus, wiederholen Sie es mehrere Male.
TIPP: Schreiben Sie geeignete Sätze und Wörter auf Notizzettel
und legen Sie eine kleine Sammlung an. Versuchen Sie jede
Woche ein neues Mantra hinzuzufügen.

Mein Lieblingsmusical während meiner Kindheit war »Annie«.
Ich weiß nicht warum, aber das rothaarige und verbissen optimistische Waisenmädchen Annie faszinierte mich. Und die
Lieder konnte man so gut schmettern! Ich hörte mir die Platte
immer und immer wieder an. Und als ich mit meiner Familie
zu Thanksgiving nach New York fuhr, um das Musical am
Broadway zu sehen, war ich außer mir vor Freude.
Später hatte ich sogar die Möglichkeit, bei einer Aufführung des
Musicals unserer örtlichen Theatergruppe als Darstellerin mit-
zuwirken. Man kann durchaus sagen, dass ich Annie liebe. Aber
warum? Ich glaube, es liegt an meiner Faszination für ihren
Mut. Annie war ein Waisenkind, erlebte die Weltwirtschafts-
krise, wurde von der grässlichen Miss Hannigan verfolgt und
schließlich betrogen und gekidnappt (apropos Stress!). Und
trotzdem behielt sie ihre optimistische Lebenseinstellung, mit

der sie sogar den Präsidenten der Vereinigten Staaten, Franklin D. Roosevelt, vor einer wichtigen Entscheidung inspirierte.

Annie hatte die Angewohnheit, nur positive Sätze zu sagen, wie »Die Sonne wird auch morgen wieder scheinen« und »Ohne ein Lächeln fehlt uns etwas«. Sie verwendete diese Redewendungen nicht nur, sie handelte auch danach. Tatsächlich haben sich viele Menschen bestimmte Glaubenssätze zu eigen gemacht, die wie sich immer wiederholende Schleifen im Bewusstsein und Unterbewusstsein ablaufen. Leider sind die meisten negativer Natur, wie zum Beispiel: »Ich werde nie genug Geld haben.« »Nichts mache ich richtig.« »Das Leben ist eine einzige Quälerei.« Oder: »Wir leben in einer Ellbogengesellschaft.« Kommt Ihnen das irgendwie bekannt vor?

Diese Übung ist dazu gedacht, unserem Geist neues Gedankenfutter zu geben. Das regelmäßige Wiederholen von Wörtern und Sätzen formt neue Denkstrukturen und verleiht die Kraft, unser Verhaltensmuster zu verändern. Denken Sie zum Beispiel an die wundervolle Kindergeschichte »Die kleine blaue Lokomotive«, wo das Mantra »Ich kann's, ich kann's, ich kann's« hilft, einen steilen Berg hinaufzufahren. Warum sollten nicht auch wir immer wieder Formeln wiederholen, die uns Kraft geben, uns inspirieren oder beruhigen? Integrieren Sie diese Übung in Ihren Alltag und beobachten Sie, wie diese Fähigkeit ganz allmählich in Ihnen wächst. Die Wirkung wird sich langsam, aber sicher in Ihrem Leben ausbreiten, und zwar so intensiv, dass es selbst Sie überraschen wird.

ZWECK: Die Wiederholung positiver Wörter oder Sätze führt zu positiven Gefühlen. Indem wir unser Denken mit dieser Methode in eine andere Richtung lenken, gelangen wir auf sanfte Weise zu mehr innerem Frieden und lassen ruhige Energie für den Tag entstehen.

»Zauberbrille«

IMPULS: Sie sind blockiert und haben das Gefühl, bei einer Verpflichtung oder im Job nicht weiterzukommen.

METHODE: Schließen Sie die Augen und stellen Sie sich vor, eine Zauberbrille aufzusetzen. Durch diese Brille sehen Sie die Welt aus der Perspektive eines anderen Menschen. Wählen Sie zum Beispiel die Brille eines Broadway-Stars oder die eines College-Professors oder die eines Aufsichtsratsvorsitzenden, die Brille eines Heiligen oder die eines unerschütterlichen Optimisten. Setzen Sie sich diese wunderbare Brille auf und sehen Sie die Welt mit neuen Augen.

Ich bin nicht gerade sportlich. Ehrlich gesagt bin ich weit davon entfernt, sportlich zu sein. In der Grundschule wurde ich immer als Letzte ins Team gewählt. Ich war das Kind, das alle möglichen Sportarten ausprobiert und es dann wieder gelassen hat.

Als Erwachsene bin ich jeglicher sportlichen Aktivität aus dem Weg gegangen, außer Yoga, und selbst da mag ich es nicht, wenn meine Herzfrequenz über Meditationsniveau steigt. Doch kürzlich habe ich eine so niederschmetternde Erfahrung gemacht, dass ich mir Hals über Kopf ein Laufband gekauft habe (obwohl mich meine Schwester vorgewarnt hat, es werde sicher als Wäscheständer enden).

Welches Ereignis führte zu dieser Kurzschlussreaktion? Es hatte mit dem Besuch bei meiner 70-jährigen Mutter und dem misslungenen Versuch zu tun, mit ihrer morgendlichen Walking-Gruppe mitzuhalten. Ich sage es ganz offen: Von Großmüttern abgehängt zu werden hat mich tief beschämt.

Mein Laufband setzte ziemlich rasch Staub an (wurde wohlgemerkt aber nicht zum Wäscheständer). Doch als ich mich durch meine sitzende Lebensweise einmal besonders steif fühlte, kam mir diese Übung mit der Zauberbrille in den Sinn. Womöglich hatte mich die letzte Winterolympiade dazu inspiriert. Ich weiß nur, dass ich plötzlich vor meinem inneren Auge sehen konnte, wie es wäre, durch Sport Erfüllung zu finden, völlig erschöpft und trotzdem glücklich zu sein oder euphorisiert festzustellen, das gesetzte Ziel erreicht zu haben. Ich trug die Zauberbrille eines Olympioniken!

Heute ziehe ich fast immer erst die Zauberbrille auf, bevor ich Sport treibe. Ich habe auch die »Geduldige-Mutter-Brille« und die »Voller-Selbstvertrauen-Vorträge-halten-Brille« für mich entdeckt. In der vergangenen Woche trug ich die Zahnarztbrille. Versuchen Sie es auch – es ist wie Magie.

ZWECK: Indem wir uns gedanklich eine neue Perspektive eröffnen, erlauben wir uns, die negative, beschränkte Geisteshaltung zu umgehen, die uns im Wege steht. Wir verbinden uns mit einem klügeren und mutigeren Selbst, das keine Grenzen kennt.

»Halb und halb«

IMPULS: Wenn das Glas halb leer ist.
METHODE: Nachdem Sie einen negativen oder überkritischen Satz gedacht oder gesagt, gejammert oder sich beschwert haben, lassen Sie ein »Und ... mein Leben hat auch sehr viele schöne Seiten« folgen. Zum Beispiel: »Meine Kinder haben mich wieder einmal genervt, *und* ich bin sehr glücklich darüber, dass sie gesund sind.«

Als ich als Single in New York City lebte, machte ich eine nachhaltige Erfahrung. Die Lektion, die ich damals gelernt habe, hat sich in mein Herz eingebrannt, ich werde sie nie vergessen.
Ich machte gerade ein Aufbaustudium in Sozialer Arbeit, und Teil meiner Ausbildung war ein Praktikum in einem Familienberatungszentrum. Ich liebte diese Arbeit, sie war genau das, was ich machen wollte. Der einzige Wermutstropfen war die einstündige Fahrt mit der U-Bahn bis zur Endhaltestelle der A-Linie.
Nach einem anstrengenden Arbeitstag mit vielen Terminen war ich auf dem Weg nach Hause. In meinem Wagen saßen nur wenige Passagiere. Plötzlich wurde die Tür zum Nachbarwagen aufgerissen, und drei bedrohlich aussehende Typen stürzten herein. Adrenalin peitschte durch meinen Körper, und ich bereitete mich darauf vor, ausgeraubt oder zusammengeschlagen zu werden.
Sie randalierten, brüllten herum und suchten sich dann geeignete Opfer. Ein Fahrgast bekam einen Tritt gegen den Kopf, ein anderer wurde zu Boden geschleudert, einem dritten wurde ins Gesicht geschlagen. Ich beugte mich tief nach unten und begann, ein Ave Maria zu singen. Ich bin nicht katholisch, aber das war das erste Gebet, das mir in den Kopf kam. Nachdem

die drei in unserem Wagen gewütet hatten wie ein Tornado, waren sie schnell wieder verschwunden. Sie hinterließen eine Spur der Verwüstung.

Eine Frau, die neben einem der Opfer gesessen hatte, begann zu weinen. Ich schaute zu dem jungen Mann hinüber, dem ins Gesicht geschlagen worden war. Er lächelte mich gequält an, sein Mund war voller Blut, und er hatte sogar einige Zähne verloren. Noch Tage später zitterte ich am ganzen Körper, wenn ich daran dachte. Obwohl mir selbst nichts passiert war, fühlte auch ich mich missbraucht, und mein Vertrauen in das Gute im Menschen war erschüttert.

Ich ging zu einem unitarischen Seelsorger, von dem ich gehört hatte, er sei sehr klug und mitfühlend. Ich erzählte ihm von dem Überfall, dem ich beigewohnt hatte, und von meiner existenziellen Verzweiflung. Er sagte mir: »Ja, die Welt ist grausam, kalt und gemein, aber die Welt ist auch voller Wunder, Schönheit und Güte.« Er schaute zum Fenster und forderte mich auf, die im Sonnenlicht glänzenden Kirschblüten zu betrachten. »Haben Sie schon mal etwas so Wunderbares gesehen?«, fragte er.

»Das Schlechte in der Welt entwertet niemals das Gute«, fuhr er fort. Er hielt die hohlen Hände rechts und links vor den Körper, als wären sie zwei Waagschalen, und erklärte: »Die Fähigkeit, zwei konträre Gedanken auszubalancieren, ist echte Weisheit.« Dann ließ er die eine Hand nach unten sinken und sagte: »Der Liebe sei Dank: Das Schlechte in der Welt wird immer vom Guten aufgewogen.«

ZWECK: Indem wir unseren Geist trainieren, die schönen Aspekte des Lebens wahrzunehmen, zapfen wir ein tieferes Gefühl des inneren Friedens an, das uns auch in einer Welt im Fluss bleiben lässt, die uns manchmal kalt und grausam vorkommt.

»Großartig«

IMPULS: Wann immer Sie gefragt werden: »Wie geht es Ihnen?«
METHODE: Wenn Ihnen diese Frage gestellt wird, erinnern Sie
sich an Ihr letztes Erfolgserlebnis und antworten Sie: »großartig«, »fantastisch« oder »wunderbar«. Ob diese Superlativen Ihrer augenblicklichen Verfassung entsprechen oder nicht, spielt
keine Rolle. Konzentrieren Sie sich auf die wesentlichen Dinge
in Ihrem Leben: Gesundheit, ein sonniger Tag, behütet auf-
wachsende Kinder, in einem friedlichen Land zu leben. Beant-
worten Sie die Frage mit einem stärkeren Adjektiv als »gut«
und beobachten Sie die Reaktion. Beobachten Sie aber auch,
wie sich Ihre Stimmung ändert.

Lange Zeit fand ich die Frage »Wie geht's?« völlig sinnlos. Und
die Standardantwort »gut« nicht minder. Beginnt doch zum
Beispiel jedes Telefongespräch, egal, ob mit einem Freund, einem Kollegen, einem Fremden, ja selbst mit einem Telever-
markter, mit diesem lächerlichen Ritual. Ich stelle mir vor, wie
ein Lehrer, der Deutsch als Zweitsprache unterrichtet, zu seinen Schülern sagt: »Muttersprachler fragen: ›Wie geht es Ihnen?‹, erwarten aber keine echte Antwort. Sagen Sie einfach
›gut‹, und fahren Sie mit der Unterhaltung fort.«
Daher war ich sehr überrascht, als ich einen Anruf eines Kollegen bekam und er mir auf meine Standardfrage »Wie geht's?«
mit »Großartig!« antwortete. Ehrlich gesagt – ich bekam einen
Lachanfall. Solch enthusiastische Antworten war ich nicht gewohnt, aber bei ihm war es anders. Er verwendet gerne Super-
lative wie »wunderbar«, »fantastisch« oder »grandios«.
Als ich ihn nach dem Grund für seine Reaktion fragte, sagte er
nur: »Für mich ist jeder Tag ein Geschenk.« Was für ein fri-
scher Wind! Wohlgemerkt, dieser Mann hat keinen Krebs

überlebt, sondern ist ein Mensch wie du und ich. Aber er hat die beneidenswerte Lebensphilosophie, dass jeder Tag ein wunderbares Geschenk ist, selbst wenn es regnet oder stürmt oder der Stress unerträglich scheint.

Seitdem habe ich dieses Verhalten auch für mich übernommen – eine Art psychologisches Experiment –, um zu sehen, wie eine übertriebene Antwort auf den Fragesteller wirkt. Ich habe herausgefunden, dass die meisten überrascht sind. Sie registrieren die überschwengliche Reaktion und fragen: »Wirklich? Welche Droge hast du denn genommen?« oder »Was ist passiert?« Ich habe mir angewöhnt, darauf zu antworten: »Ich lebe.« Diese Antwort wirkt wie eine Inspiration, für die anderen, aber auch für mich.

Ich lege Ihnen diese Übung auf dem Weg zum inneren Frieden besonders ans Herz. Genau wie der physische Akt des Lächelns Ihrem Gehirn signalisiert, dass Sie glücklich sind, selbst wenn Sie es gar nicht sind, können die bewusste Übertreibung des eigenen Wohlbefindens und das Verinnerlichen der Reaktion darauf wahre Wunder bewirken.

ZWECK: Indem wir kleine Dinge finden, für die wir dankbar sind, trainieren wir unseren Geist, sich darauf zu konzentrieren, das Leben tagtäglich als Geschenk zu sehen und dieses Bewusstsein auch an andere weiterzugeben. Das Benutzen dieser mit Glück aufgeladenen Adjektive öffnet unser Leben für mehr Optimismus und Dankbarkeit.

Nur die Liebe zählt

Übungen, um Ihr Herz zu öffnen

Wir schlichen uns in einen sonnendurchfluteten Raum. Ich fand einen Platz in der Ecke, setzte mich im Schneidersitz auf den Boden und atmete den intensiven Geruch von Lotusblumen-Räucherstäbchen ein. Mindestens 30 Menschen verschiedener Nationalitäten saßen Schulter an Schulter, Knie an Knie und warteten darauf, die berühmte indische Lehrerin sprechen zu hören.

Ich nahm die Details dieses spirituellen Ortes in mich auf: Auf einem Altar lagen Blütengirlanden in satten Farbtönen, die Wände waren bedeckt mit Bildern von Gurus, spirituellen Meistern und Göttern, überall standen Glöckchen, Kerzen, Opferschalen und Statuen von Ganesha und Shiva. Durch die geöffneten Fenster konnte man den Ganges, den heiligen Fluss, erkennen, dahinter erhoben sich die Ausläufer des Himalaya.

Tiefer Frieden kam über uns. Die Menschen, die hier saßen, waren Pilger oder suchten nach Erleuchtung und warteten auf das Auftauchen von Vanamali. Als sie schließlich erschien, stimmte sie einen heiligen Gesang an. Das ineinander übergleitende Auf und Ab der fernöstlichen Musik hallte in uns nach, und wir wiegten uns wie hypnotisiert im Rhythmus hin und her. Aus jeder Pore dieser charismatischen Frau schienen Frieden und Liebe zu strömen. Niemand im Raum konnte sich ihrer Faszination entziehen.

Hier in der heiligen Stadt Rishikesh in Nordindien saßen meine beste Freundin und ich auf dem Boden, in Gesellschaft dieser heiligen Frau, um mehr über die alten Lehren von Krishna und über die Schriften der Veden zu erfahren. Wir hatten uns auf eine lehrreiche und interessante Reise eingestellt, dass wir derart transformatorische Erfahrungen machen würden, damit hatten wir nicht gerechnet.

Vanamali hörte auf zu singen und bot uns an, über das einzig Wichtige im Leben zu sprechen. In gespannter Erwartung neigten wir uns nach vorne. Welches Geheimnis würde uns diese schlanke Frau enthüllen? Ihre Stimme war nur noch ein Flüstern, als sie sagte: »Nur die Liebe zählt.« Sie hielt inne und blickte jedem von uns in die Augen. »Liebe ist die wichtigste Energie, die es gibt. In ihrer reinsten Form verlangt sie keine Dankbarkeit ... keine Gegenleistung ... keine Erwiderung. Die Liebe selbst ist ihre eigene Belohnung.«

Hmm ... eine drastische Aussage. Ich war in den USA aufgewachsen und hatte eine Art von Liebe kennengelernt, die mehr darauf gerichtet war, zu bekommen, was man wollte und was man brauchte.

Vanamali sprach weiter: »Wer mit der Erwartungshaltung liebt, dafür Wertschätzung, Dankbarkeit, Ergebenheit, Loyalität, Abhängigkeit oder Lob zu bekommen, handelt nicht aus wahrer selbstloser Liebe. Seine Liebe ist an Bedingungen geknüpft.«

Wow. Ich war wie vom Donner gerührt. Eigentlich alle Menschen, die ich kannte, mich eingeschlossen, liebten bewusst oder unbewusst in Erwartung einer Gegenleistung. War es denn überhaupt möglich, so selbstlos zu lieben, wie sie es beschrieb?

Nach ihrem Vortrag forderte sie uns auf, Fragen zu stellen. Viele Fragen drehten sich um Leiden, Kampf, Ziel und Zweck. Egal, wie sie darauf einging, ihre Antworten zielten immer auf die Liebe, auf das freudige Geben ohne jegliche Absicht.

Nach meiner Rückkehr aus Indien musste ich noch oft an ihre Worte denken. Aber erfahren habe ich diese selbstlose Liebe erst ein Jahr später, als ich versuchte, meine damals 16-jährige Tochter zu trösten.

Elizabeth war sehr wütend auf mich, als ich mich von ihrem Vater scheiden ließ. Lange Zeit begegnete sie mir kalt, distanziert, ja sogar offen feindselig. Immer wenn ich ihr sagte: »Ich liebe dich«, reagierte sie mit stoischem Schweigen. Ihr Verhalten war launenhaft, mürrisch und aggressiv, am Familienleben nahm sie kaum teil. Es war äußerst schwer herauszufinden, ob ihr Verhalten eine posttraumatische Folge der Scheidung war oder ob ich es als normale Pubertätserscheinung werten sollte.

Wir stritten oft und verhielten uns dabei wie kleine Kinder. Zu meiner Schande muss ich gestehen, dass ich genauso oft genervt von ihr war wie umgekehrt. Statt ihr Verhalten als Folge ihrer inneren Zerrissenheit und Sensibilität zu erkennen, war ich überzeugt, es sei Narzissmus und Bockigkeit, und reagierte entsprechend. Häufig dachte ich *Du blöde Kuh!* und verließ den Raum, nachdem wieder ein Versuch gescheitert war, mit ihr Frieden zu schließen.

Wie sicherlich die meisten Mütter wünschte ich mir die Liebe meiner Tochter. Ich wünschte, dass sie mit mir glücklich war, mein Ego streichelte und mir versicherte, was für eine wundervolle Mutter ich bin. Ich wollte schwärmerische Muttertagskarten, gemeinsame Mahlzeiten in heiterer Atmosphäre, glückliches Lachen und Respekt. Stattdessen war da ein mürrischer Teenager, der meine Existenz ignorierte.

In dieser Phase schlug sich Elizabeth eines Tages in der Schulbibliothek den Kopf an einem aus der Wand ragenden Rohrstück an. Die Krankenschwester rief mich an, um mir zu sagen, dass meine Tochter auf der Krankenstation liegt und dort auf die Untersuchung durch den Arzt wartet. Ich verschob sofort alle Termine und fuhr hin.

Elizabeth war gelinde gesagt nicht gerade glücklich, mich zu sehen. Obwohl ich gehofft hatte, dass sie sich nach diesem Schock nach meinem mütterlichen Trost sehnte, wurde ich mit einem »Was willst du denn hier? Ich brauch dich nicht!« begrüßt. Die Krankenschwester hüstelte, wandte den Kopf ab und sagte: »Ich lasse Sie beide jetzt allein.« Wie peinlich.

Ich sagte Elizabeth, dass ich bleiben würde, bis der Arzt sie untersucht habe, und dass ich mich einfach ganz ruhig neben sie setzen würde. Die Rollläden waren heruntergelassen, so dass es ganz dunkel im Zimmer war. Ich wollte ihren Arm streicheln, aber sie fauchte: »Fass mich nicht an.«

Ich saß auf einem Stuhl in einem finsteren Zimmer, neben einer Tochter, die mich ablehnte, und ich dachte: *Das ist der schlimmste Moment, den ich als Mutter je erlebt habe.* Mit Tränen in den Augen begann ich mich daran zu erinnern, wie sie als Kind war, ein süßes Mädchen mit blonden Haaren und einem strahlenden Lächeln, das mich mit Bildern von Regenbögen, Blumen und Herzchen mit »Mami, ich hab dich lieb«-Aufschrift überschüttet hatte. Wie innig hatte ich dieses Kind geliebt. Und plötzlich fiel es mir wie Schuppen von den Augen: Dieser mit sich und der Welt unzufriedene Teenager ist genau dieses geliebte Kind.

Und in diesem Moment in dem dunklen Raum, als helles Licht in mein Herz flutete, erfuhr ich die reine Liebe, von der Vanamali gesprochen hatte: die heilige Liebe, die keinen Dank und keine Gegenleistung fordert. Als ich meine Augen schloss und tief einatmete, stellte ich mir vor, dass von mir helle Lichtstrahlen ausgingen, die zu Elizabeth hinüberflossen. Ich war erfüllt, ja überfüllt von Liebe. Es spielte keine Rolle, ob sie meine Liebe erwiderte. Es war unwichtig, ob ich Bestätigung, Anerkennung oder Dank dafür erfuhr. Die Liebe, die mich durchströmte und aus mir zu meiner Tochter floss, erfüllte den Raum.

Aus dem schlimmsten Moment meiner Mutterschaft wurde plötzlich der beglückendste. Ich wusste, dass sich die Energie im Raum verändert hatte, denn als die Schwester kam, um Elizabeth ins Untersuchungszimmer zu bringen, fragte sie: »Soll deine Mutter mitkommen?«, und meine Tochter antwortete: »Wenn sie will, gerne.«

In der Liebe geht es nicht darum, von dem anderen eine Antwort zu bekommen. Im Grunde hat sie mit dem anderen gar nicht so viel zu tun. Es hat mit Ihnen selbst und Ihrem Herzen zu tun und damit, dass Sie Ihr Herz mit Dankbarkeit und Liebe füllen. Wie in der Geschichte mit dem Grinch, dessen Herz dreimal so groß wurde, so dass es fast nicht mehr in seinen Brustkorb passte, wuchs an diesem Tag auch mein Herz. Und diese neue großherzige Liebe war doch eine Belohnung, nämlich für mich selbst.

Reine Liebe führt zu innerem Frieden. In den folgenden Übungen geht es um Dankbarkeit, liebevolle Gefühle und ein offenes Herz – Eigenschaften, die *Ihnen* helfen, sich gut in der Welt zu fühlen.

»Gott segne uns alle!«

IMPULS: Ein Krankenwagen, ein Feuerwehrauto oder die Polizei kommen mit Sirene und Blaulicht an Ihnen vorbei, oder Sie werden Zeuge eines Verkehrsunfalls.

METHODE: Wenn Sie die Einsatzfahrzeuge hören oder an einer Unfallstelle vorbeikommen, sagen Sie: »Ich wünsche Ihnen alles Gute« oder »Gott segne Sie alle«. Seien Sie sich dieser Menschen bewusst, die Hilfe brauchen. Menschen, die einen ganz normalen Tag begonnen haben, genau wie Sie, und sich dann plötzlich mit einem Unfall oder einer Katastrophe konfrontiert sehen. Denken Sie an die Opfer, die Angehörigen, die Helfer, die Zeugen und an alle anderen, die in den nächsten Stunden mit diesem Unglücksfall beschäftigt sein werden. Gießen Sie Ihr Wohlwollen und Ihre guten Wünsche über allen aus.

Ich hatte das Glück und das Vergnügen, in zwei aufeinanderfolgenden Jahren Tiny Tims Mutter in Charles Dickens' »Weihnachtsgeschichte« bei der Aufführung der örtlichen Theatergruppe spielen zu dürfen. Als Mrs. Cratchit gab ich dem geizigen Ebenezer Scrooge die Schuld für die Armut, in der meine Familie lebt. Als mein Mann auf Mr. Scrooge als »edlem Spender des Festmahls« anstoßen möchte, murmele ich wütend: »Warum sollten wir auf die Gesundheit eines so herzlosen Mannes anstoßen?«

Ja, warum eigentlich? Aber ich gebe um Bobs und des lieben Friedens willen Ruhe, und im Geist des Weihnachtstages stoßen wir auf Scrooges Gesundheit an. In diesem Augenblick hebt Tiny Tim sein Glas und sagt den berühmten Satz: »Gott segne uns alle!« Und man wusste ganz genau, dass das Publikum an dieser Stelle jedes Mal einen mitfühlenden Seufzer ausstoßen würde.

Tiny Tim ist ein herzensguter, freundlicher Junge, der sich nie wegen seines verkrüppelten Beins beklagt. Er ist auch nicht wütend auf Mr. Scrooge, der seinen Vater ausbeutet, und das auch noch für einen Hungerlohn. Tiny Tim unterscheidet nicht, wer einen Segen »verdient« hat und wer nicht. Er öffnet einfach sein kleines Herz und segnet uns alle, jeden Einzelnen. Wie oft sind wir so großzügig wie Tiny Tim? Ist es nicht bequemer, in unserer Routine, unseren Terminplänen und unserem vollgepackten Alltag zu verharren und unser Herz vor all dem zu verschließen, was rund um uns geschieht? Wer von uns hat nicht schon einmal beim Anblick eines Unfalls, selbst als der heranrasende Krankenwagen bereits zu hören war, gedacht: *Na prima, jetzt komme ich zu spät!* Ich ganz sicher, und ich bin nicht gerade stolz auf diese egoistische Einstellung. Der arme Mensch, für den der Krankenwagen kommen muss, wird sein Ziel sicherlich noch sehr viel später erreichen.

Wenn Sie das nächste Mal einem vorbeirasenden Einsatzfahrzeug begegnen, ergreifen Sie die Gelegenheit, sich aus Ihrer begrenzten Sichtweise zu befreien, und denken Sie an die Sorgen und Nöte der Betroffenen.

ZWECK: Wann immer wir das Herz für die Menschen um uns herum öffnen, verankern wir ein bisschen mehr inneren Frieden in unserem Leben. Mitgefühl vermindert nicht nur unseren Stress, sondern schenkt uns auch innere Ruhe.

»Respekt!«

IMPULS: Sie töten ein Insekt wie z.B. eine Fliege oder eine Spinne.

METHODE: Sagen Sie: »Friede sei mit dir!« oder »Gott segne dich« oder »Gute Reise«, und seien Sie sich bewusst, dass ein Lebewesen nun tot und wie flüchtig das Leben ist.

»Was ist der Staatsvogel von New Hampshire?«

»Der Moskito!«

Das war einer der ersten Witze, die ich gehört habe, als ich in den »Granit-Staat« gezogen war. Und ich erfuhr, dass eine prestigeträchtige Auszeichnung, die jedes Jahr einem Bürger verliehen wurde, der in besonderem Maße zur Verbesserung des Gemeinwohls beigetragen hatte, der »Moskito-Preis« genannt wird. Begründung: »Wer glaubt, dass ein Einzelner wenig bewirken kann, hat noch nie eine Nacht mit einem surrenden Moskito neben seinem Ohr verbracht.«

Ich dachte immer, dass die Einheimischen übertreiben und zu viel Aufhebens um die Mücken machen, bis ich den ersten Sommer in meiner neuen Heimat hinter mir hatte. Dann wusste ich, dass sie recht hatten. Die Moskitos in New Hampshire sind riesig. Ich fürchtete sogar, sie könnten meine Kinder packen und sie in ihre Höhlen schleppen. Wenn man in der Abenddämmerung draußen war, griffen sie in gewaltigen Schwärmen an, meine Arme und Beine sahen aus, als wären sie mit dunklem Pelz besetzt.

Und so begann ein langer vergeblicher Kampf zwischen den Kreaturen: Mensch gegen Moskito. Wir versuchten es mit der Chemiekeule und mit umweltfreundlichen Substanzen, mit Zitronengraskerzen, elektrischen Insektenvernichtern und dem guten alten Totschlagen mit der Hand. Vor dem Schlafengehen waren mein Mann und ich jeden Abend mindestens zehn Minuten im »Kriegseinsatz« und suchten die Wände rund um unser Bett nach Feinden ab. Nach einer besonders blutigen Schlacht (dieses Mal hatten die Menschen gewonnen) fühlte ich ein gewisses Unbehagen, ein solches Massaker angerichtet zu haben. In der Folge sagte ich vor jedem weiteren Zuschlagen: »Om, Frieden, Amen«, und fügte hinzu: »Nicht persönlich nehmen«.

Dieses Ritual gefiel mir so gut, dass ich jedes Mal, wenn ich ein Insekt tötete – eine Biene, eine Wespe, einen Stinkkäfer, eine Spinne, eine Fliege oder eine Bremse –, den Sprechgesang »Om, Frieden, Amen« anstimmte. Das ging mehrere Jahre so. Ich zeigte damit meinen Respekt für das Ende ihres Lebens und wünschte ihnen alles Gute für ihre letzte Reise, wohin auch immer sie gehen würde.

Mir war gar nicht klar, wie stark sich dieses schlichte Mantra in unserem Alltag verankert hatte, bis es mir auch bei meinen Kindern auffiel, wann immer sie ein Insekt ins Jenseits beförderten. Sie glaubten, dass sich das so gehört, wie der Wunsch »Gesundheit« nach einem Niesen.

Als ich einmal einen traumhaft schönen Sonnenaufgang bewunderte und dabei voller Ehrfurcht murmelte: »Om, Frieden, Amen«, fragte mich meine Tochter: »Hast du gerade einen Käfer getötet?« Ich musste lachen.

ZWECK: Indem wir uns mit dem Kreislauf von Leben und Tod verbinden, respektieren wir das Ende einer jeden Kreatur und werden uns bewusst, dass auch wir ein Teil dieses Kreislaufs sind. Packen wir unser Leben mit Schwung und Elan an, in dem Wissen, dass es nicht viel länger dauert als das eines Moskitos.

»Wer ist ihre Mutter?«

IMPULS: In einer Warteschlange.
METHODE: Betrachten Sie die Person vor Ihnen und fragen Sie sich innerlich: »Wer ist ihre Mutter?« Lassen Sie sie zu einem Kleinkind schrumpfen und stellen Sie sich die Beziehung zu ihrer Mutter vor. Überlegen Sie, ob es eine glückliche oder eine angespannte Beziehung war. Projizieren Sie diese Mutter-Kind-Beziehung in die Gegenwart, eine Beziehung voller Freude und Glück, voller Aggressionen und Verletzungen und dem Konflikt des Loslassens. Machen Sie sich klar, dass auch dieser Mensch, genau wie Sie selbst, eine Geschichte hat, eine Familie, eine Mutter. Atmen Sie ein und denken Sie an die Beziehung zwischen der fremden Person und ihrer Mutter und senden Sie beim Ausatmen beiden Ihr Mitgefühl.

Eines Sonntagmorgens im Mai ging ich in einem Dorf in den Catskill Mountains Milch kaufen, ich war damals Mitte 20. Beim Verlassen des Ladens reichte mir der ältere Mann hinter der Kasse eine langstielige weiße Rose. Er sagte: »Ich weiß zwar nicht, ob Sie überhaupt eine sind, aber ich wünsche Ihnen einen wunderschönen Tag.« Ich hatte keine Ahnung, was er damit meinte.

Als ich nach Hause kam und meinem Mann die Geschichte erzählte, lachte er und sagte: »Er meinte, ob du eine Mutter bist. Heute ist Muttertag.« Ehrlich gesagt hatte ich das vergessen (deshalb bekam auch meine Mutter in diesem Jahr keine Glückwunschkarte).

Nicht jede Frau ist Mutter, aber jeder Mensch wurde von einer Mutter geboren. Ein wunderbares Konzept, wenn man darüber nachdenkt. Jeder Mensch auf Erden kommt aus dem Körper einer Mutter. Vielleicht wurde er im Krankenhaus geboren, vielleicht in einer dunklen Gasse. Die meisten von uns gehen mit ihrer Mutter durchs Leben, einige haben sie vielleicht schon bei der Geburt verloren. Aber wir alle stammen aus dem Bauch unserer Mutter.

Viele von uns haben Probleme unterschiedlichster Art mit ihrer Mutter. In vielen Psychotherapien geht es irgendwann um die Beziehung (oder die fehlende Beziehung) mit der Mutter. Egal, ob wir nicht genug oder zu viel Liebe bekommen haben, die Mutter-Kind-Beziehung spielt eine elementare Rolle im Entwicklungsprozess jedes Menschen.

Betrachten Sie den Mann oder die Frau vor Ihnen an der Kasse und denken Sie einen Moment an seine oder ihre Mutter. Stellen Sie sich eine Beziehung vor, die vielleicht große Liebe, Verwirrung oder Kummer hervorgebracht hat. Stellen Sie sich gefühlsintensive Zeiten vor, die Zärtlichkeit zwischen Mutter und Kind, aber auch die Enttäuschung und den Schmerz. Werden Sie für einen Moment eins mit einem fremden Menschen.

ZWECK: Wenn wir uns allen Facetten des Menschseins öffnen, lösen wir uns aus unserer einengenden Hülle und schaffen Platz für Mitgefühl. Wir überwinden die Barrieren zwischen uns und den anderen und sind bereit, uns mit ihnen zu vernetzen.

»In Frieden mit den Nachrichten«

IMPULS: Beim Lesen der Zeitung oder Hören der Nachrichten im Radio oder Fernsehen.

METHODE: Wenn Sie etwas in der Zeitung lesen (oder in den Nachrichten hören), das Sie bekümmert oder aufregt, halten Sie einen Moment inne und stellen Sie sich Ihren »Ort des Friedens« vor (eine Erinnerung an einen besonders friedlichen Moment). Atmen Sie tief ein und atmen Sie dann langsam und intensiv Liebe und Licht für die Welt aus. Mit dem nächsten Einatmen nehmen Sie das Leiden der Welt in sich auf, um schließlich wiederum Liebe und Licht auszuatmen. Sagen Sie dabei: »Ich wünsche ihnen Frieden.«

Ich muss etwas gestehen: Ich lese keine Zeitung oder höre auch keine Nachrichten im Radio oder sehe mir welche im Fernsehen an. Ich weiß, das klingt verrückt. Fast jeder, den ich kenne, ist ein mehr oder minder großer News-Junkie. Die Menschen wollen wissen, was in der Welt vorgeht. Sie interessieren sich für Politik, Sport, für das Weltgeschehen und für das, was in der näheren Umgebung passiert.

Aber ich nicht. Früher nicht und jetzt auch nicht. Als ich jünger war, entschuldigte ich mich immer damit, dass ich viel zu beschäftigt sei, um mich auf dem Laufenden zu halten. Danach schob ich die Kinder vor, keine Zeit. Entschuldigung Nummer zwei. In Wahrheit regte ich mich einfach zu sehr auf, wenn ich mal einen Blick in die Zeitung warf (mein Ehemann hatte als passionierter Leser drei Zeitungen abonniert). Alles, was ich las, schien eine Tragödie zu sein, und ich fühlte mich hilflos und desillusioniert.

Vor einiger Zeit nahm ich an einem Wochenseminar im Buddhistischen Zentrum teil. Als Erstes wurde uns empfohlen, eine Woche weder Zeitungen zu lesen noch Nachrichten zu hören, eine Art Entgiftung von der davon ausgehenden negativen Energie. Gesagt, getan. Mir fiel das leicht.

Das heißt nicht, dass ich nicht weiß, was um mich herum vor sich geht. Ich habe die Pop-ups auf der Webseite meines E-Mail-Anbieters, ich scanne mit den Augen die Schlagzeilen der Zeitungen, wenn ich mir bei Starbucks eine Latte Macchiato kaufe. Ich registriere die Überschriften auf den mit Zeitung ausgelegten Regalen des Gemüseladens. Wenn etwas wirklich Wichtiges passiert, bekomme ich es mit. Egal, wo oder wie, jedes Mal versinke ich in einem Gefühl der Hilflosigkeit oder, noch schlimmer, der Gleichgültigkeit und des Desinteresses.

Aus diesem Grund habe ich diese Übung entwickelt. Mit ihr gelingt es mir besser, mit negativen Nachrichten umzugehen: Erdbeben und Überschwemmungen auf der ganzen Welt, Mord und Totschlag und schreckliche Verkehrsunfälle in meiner Nachbarschaft, schlechte Wirtschaftsdaten und Flaute auf dem Arbeitsmarkt. Wenn ich von solchen oder ähnlichen Katastrophen erfahre, halte ich einen Moment inne. Ich atme Liebe und Licht aus. Und dann atme ich den Schmerz der Betroffenen ein und erneut Liebe und Licht aus. Und ich sage: »Ich wünsche euch Frieden.«

Vielleicht fragen Sie sich: Warum soll man den Schmerz oder das Unglück eines anderen einatmen? Wird dadurch nicht alles nur noch unerträglicher? Diese Meditationstechnik nennt man *Tonglen,* und sie wird in den westlichen Ländern zum Beispiel von einer buddhistischen Nonne namens Pema Chödrön gelehrt. Sie empfiehlt, Tonglen zu praktizieren (sich gedanklich mit dem Leid der Mitwesen verbinden, das Leid aufnehmen und den eigenen Frieden wieder an die Mitwesen abgeben), um damit das Mitgefühl zu stimulieren und die Fähigkeit, anderen Heilung zu schenken, zu vergrößern.

ZWECK: Diese Übung hilft uns dabei, die manifeste soziale Distanz gegenüber anderen zu durchbrechen, sie zeigt einen Weg, uns mit den Mitwesen zu verbinden und damit Empathie und Hoffnung wachsen zu lassen.

»Stets zu Diensten«

IMPULS: Beim Bezahlen von Rechnungen.

METHODE: Immer wenn Sie eine Rechnung bezahlen, einen Scheck ausstellen oder eine Online-Überweisung tätigen, bedanken Sie sich für die Dienstleistung, die Sie dafür erhalten haben. Versuchen Sie es zum Beispiel mit: »Danke, lieber Stromanbieter, für den Strom, auf den ich angewiesen bin.« »Danke, lieber Netzbetreiber, für mein Handy, das mir das Leben erleichtert.« »Danke, lieber Vermieter, für mein gemütliches Zuhause.« Nehmen Sie das Gefühl der Dankbarkeit intensiv wahr und lassen Sie es tief in sich einsinken. Jede Rechnung, die Sie bezahlen, steht für etwas, das Ihnen einen Dienst erwiesen hat.

In einem bitterkalten Winter fegte ein Blizzard über New England, einer der schlimmsten Stürme seit Jahrzehnten. Alles war mit einer funkelnden, glitzernden und tödlichen Eisschicht überzogen. Gewaltige Bäume brachen unter der schweren Last zusammen wie dürre Zweige. In vielen Gemeinden fiel der Strom aus. Schulen und Büros waren geschlossen, die Verkaufszahlen für Stromgeneratoren schossen in die Höhe.

Uns ging es wie vielen anderen Familien auch. Wir suchten sämtliche Kerzen und Taschenlampen zusammen, die wir finden konnten. Wir kauerten uns für eine Nacht bei Kerzenlicht zusammen, es kam uns wie ein lustiges Abenteuer vor. Aber schon bald wurde aus dem Spaß bitterer Ernst: Es gab kein Licht, kein Internet, kein Fernsehen, kein heißes Wasser, kein Telefon, keinen Elektroofen, keine automatische Wasserspülung mehr. Und es war schrecklich kalt. Aus bitterem Ernst wurde schließlich Gefahr für Leib und Leben.

Als moderne Großstädterin hatte ich nie mehr als ein paar Stunden ohne Strom verbracht. Wie für jeden verwöhnten Menschen des 21. Jahrhunderts war es für mich selbstverständlich, auf einen Schalter zu drücken, um das Licht anzuschalten. Ich hatte nie darüber nachgedacht, dass das Wasser für meine heiße Dusche aus einem Durchlauferhitzer kam, für den man Strom brauchte. Ich drehte einfach am Thermostat des Heizkörpers, und es wurde warm.

In dieser dramatischen Situation kamen mir all diese Annehmlichkeiten wieder ins Gedächtnis, und ich erlebte ein ganz neues Gefühl: Dankbarkeit. Ich hätte Thomas Edison für die Erfindung der Glühbirne küssen können – und ich wollte sie so schnell wie möglich zurück!

Glücklicherweise dauerte es keine 24 Stunden, und das moderne Leben war wieder zurück. Andere hatten weniger Glück. Gotteshäuser wurden zu provisorischen Unterkünften. Gebäude, in denen die Stromversorgung noch funktionierte, verwandelten sich in Flüchtlingslager. Einige Haushalte hatten eine ganze Woche lang keinen Strom und keine Heizung, obwohl die Energiebetriebe Tag und Nacht arbeiteten, um die Versorgung wiederherzustellen. Was für ein Winter!

Einige Wochen später waren die Betroffenen sehr, sehr dankbar, als sie ihre Stromrechnung bezahlten. Dieses eine Mal waren wir glücklich, den Scheck ausfüllen zu dürfen, der dafür sorgte, dass wir Licht und Wärme hatten, dass wir unsere Handys aufladen konnten und dass unsere Computer, der Haartrockner und der Heißwasserboiler funktionierten. Wir zahlten sogar gerne die Kreditkartenrechnung, die Raten für das Studentendarlehen, die Leasingraten fürs Auto. Wir waren plötzlich dankbar für die Annehmlichkeiten des modernen Lebens und zahlten gerne dafür.

ZWECK: Indem wir den selbstverständlich gewordenen Luxus in unserem Leben bewusst wahrnehmen, entwickeln wir Dankbarkeit und bezahlen gerne den Preis dafür. Indem wir dieses Gefühl regelmäßig üben, werden wir resistenter gegenüber Stress und öffnen uns für den inneren Frieden.

»Einfach perfekt«

IMPULS: Beim Abtrocknen nach dem Duschen oder Baden.
METHODE: Stellen Sie sich vor, Sie wären wieder ein Baby, und erinnern Sie sich daran, wie makellos Sie damals waren. Betrachten Sie jetzt jeden Quadratzentimeter Ihres Körpers. Beginnen Sie an den Fußzehen, bis Sie schließlich beim Scheitel landen. Bedanken Sie sich bei den einzelnen Körperteilen, dass sie so hervorragende Arbeit leisten. »Danke, liebe Fußzehen, dass ich gehen kann«, »danke, liebes Knie, dass ich mein Bein beugen und strecken kann« oder »danke, liebe Nieren, dass ihr mein Blut sauber haltet«. Konzentrieren Sie sich auf den jeweiligen Körperteil, bei dem Sie sich gerade bedanken. Schließen Sie Frieden mit Ihrem ganzen Körper, auch mit vermeintlichen Unzulänglichkeiten.

Ich muss Ihnen etwas gestehen. Ich bin nicht gerade stolz darauf, aber es gab eine Zeit, in der ich meinen Körper *hasste*. Als Teenager und als junge Erwachsene dachte ich, ich wäre fett und hässlich, obwohl ich hochgewachsen und gertenschlank war. Jahr für Jahr waren mein Gewicht, meine Diät, meine Abnehmziele, meine verhassten Körperteile (schwabbelige Oberschenkel, dicker Bauch) die beherrschenden Themen meiner Tagebucheinträge, Zeugnisse eines verzerrten Körperbildes. Was für eine sinnlose Verschwendung jugendlicher Energie.
Wenn ich die einschlägigen Frauenmagazine durchblättere und dabei Schlagzeilen wie »Lassen Sie Ihre Pfunde schmelzen« oder »Weg mit dem Bauch« lese und die explodierenden Gewinne der Diätindustrie mit ihren Lügen und Tricksereien beobachte, weiß ich, dass viele Frauen ihren Körper immer noch hassen. Was für eine sinnlose Verschwendung erwachsener Energie.

Erst mit 29 Jahren hat sich die Situation für mich grundlegend verändert. Damals war ich mit meinem ersten Kind schwanger (nachdem ich zwei lange Jahre verzweifelt versucht hatte, schwanger zu werden). In mir wuchs etwas heran, ganz ohne mein Zutun. Ich musste nichts anderes tun, als essen, trinken, schlafen und Schwangerschaftsvitamine zu mir nehmen. Mein Körper wusste genau, was zu tun war – ein wahres Wunder! Ich war Mutter Erde, die Göttin des Lebens, das Gefäß der Schöpfung. Ich ging durch die Straßen, voller Begeisterung, dass mein Körper Leben gebären konnte.

Und das tat er, drei Mal sogar. Und obwohl ich bei jeder Schwangerschaft 20 Kilo zugenommen hatte und meine Haut Dehnungsstreifen zierten, die das eindrucksvoll bewiesen, hatte ich danach jedes Mal grenzenlosen Respekt und war voller Bewunderung für meinen wunderbaren, so perfekt funktionierenden Körper. Ich schwor, diesen Tempel des Lebens liebevoll zu hegen und zu pflegen, was immer auch passiert.

Jedes Mal, wenn ich eines dieser wundervollen Wesen im Arm hielt, das kurz zuvor aus meinem Schoß heraus das Licht der Welt erblickt hatte, war ich verzückt von den perfekten Öhrchen, den herrlichen Fingerchen, dem süßen kleinen Mund. Konnte es etwas Großartigeres für eine junge Mutter geben? Und diese wundervollen Wesen wuchsen auch noch!

Mit Nahrung und Wärme und Ruhe wurden sie größer, stärker und geschickter – eine vorprogrammierte Reise, um zu gedeihen und für das Leben gewappnet zu sein.

Ich konnte mich nicht sattsehen. Die wunderbaren Körper meiner Kinder. Mein wunderbarer Körper. Alle wunderbaren Körper, in allen Größen und Formen. Und was für ein effektives und effizientes System: Schnittwunden heilen, gebrochene Knochen wachsen wieder zusammen, weiße Blutkörperchen bekämpfen Infektionen. Sich Sorgen um den eigenen Hüftumfang zu machen erscheint geradezu absurd, wenn man zwei funktionsfähige Daumen hat. Sie fragen sich vielleicht: Und was ist mit den Körpern, die nicht so funktionieren, wie sie sollten? Was ist mit alten, gebrechlichen Menschen, mit Runzeln und Tränensäcken? Dazu sage ich: Lernen Sie, auch den Alterungsprozess zu lieben! Seien Sie dankbar dafür, dass Ihr Körper genau das tut, was er soll. Selbst in einem kranken Körper gibt es etwas Gesundes, auf das man sich konzentrieren kann. Zum Beispiel sehen, hören oder die Fähigkeit, Viren zu bekämpfen.

Ich lade Sie ein, Frieden mit Ihrem Körper zu schließen – es ist der einzige, den Sie in Ihrem Leben zur Verfügung haben. Zugegeben, eines Tages wird er alt, gebrechlich und verbraucht sein. Aber bis dahin sollten Sie nicht vergessen, welche Wunder Ihr Körper tagtäglich vollbringt, angefangen mit dem morgendlichen Aufwachen. Denken Sie daran, wie oft Ihr Herz schlägt, ohne dass Sie etwas dafür tun müssen, und Ihnen damit die Möglichkeit gibt, dieses kurze, kostbare Leben zu leben. Seien Sie in Liebe dankbar für den Körper, in dem Ihre Seele wohnt, und seien Sie sich bewusst, wie hart er für Sie arbeitet.

ZWECK: Verlieben wir uns in unseren eigenen Körper und seien wir dankbar für seine wunderbaren Fähigkeiten. Wenn wir Krieg gegen unseren Körper führen, verlieren wir. Wenn wir ihn hingegen lieben, gewinnen wir. Indem wir unseren Körper in seiner Gänze lieben und ihm mit Dankbarkeit begegnen, kommen wir zu tiefem Frieden.

»Vom Tellerwäscher zum Millionär«

IMPULS: Immer dann, wenn Sie denken: *Ich habe nicht genug Geld.*

METHODE: Schließen Sie die Augen und sagen Sie: »In meinem Leben herrscht Fülle.« Denken Sie dabei an all die Dinge, die Sie im Moment besonders schätzen, an Ihren Partner, die Kinder, die Familie und die Freunde. Und natürlich an die Gesundheit. Denken Sie auch an diesen reichen Planeten, der unser Leben garantiert: Sonnenschein, sanfter Sommerregen, atemberaubend schöne Blumen, prächtige Pflanzen und Tiere in einem sensiblen, ausbalancierten Ökosystem, Felder, auf denen nahrhafte Früchte wachsen, und üppige Regenwälder. Erweitern Sie Ihren Blickwinkel, immer weiter, bis Ihnen klarwird, dass Sie auf ganz vielen Gebieten sehr, sehr reich sind.

Ich gebe zu, ein gewisses Maß an Einsamkeit und Ruhe nicht nur zu genießen, ich *brauche* sie einfach. Als Schriftstellerin und Therapeutin arbeite ich meistens zu Hause und vermeide öffentliche Orte. Man trifft mich nicht am Wasserspender, nicht auf Firmenweihnachtsfeiern oder Personalversammlungen. Manchmal fühlt es sich etwas einsam an, das stimmt, aber im Großen und Ganzen habe ich mir ein persönliches Arbeitsumfeld geschaffen, das es mir erlaubt, in intimem Rahmen unabhängig zu bleiben.

Ich komme aus einer Familie voller Pedanten und Ordnungsfanatiker mütterlicher- wie väterlicherseits. Und in dieser Tradition habe ich es in meinem Umfeld gerne ordentlich, sauber und aufgeräumt.

Stellen Sie sich vor, wie es unter diesen Umständen für mich war, als ich im Sommer 2008 mit meinem geliebten neuen Partner und unseren insgesamt *fünf* Kindern in ein Haus mit drei Schlafzimmern gezogen bin. Zwar hatte ich mich mehr oder weniger an die Unordnung meiner eigenen Kinder gewöhnt, musste aber feststellen, dass mir diese wohl genetisch bedingte Toleranz für meine beiden Stiefkinder fehlte. Und sie hatten ebenso wenig Toleranz für mich und meine überzogene Erwartung an Sauberkeit und Ordnung.

Was für ein Sommer! Einerseits war ich für das Abenteuer Patchworkfamilie bereit, ja ich hatte mich sogar danach gesehnt, andererseits waren die Probleme, aus zwei Familienstrukturen eine zu machen, im besten Fall herausfordernd und im schlimmsten unerträglich. Und zu allem Überfluss, zu all dem Chaos, dem Stress und der emotionalen Belastung kamen auch noch drei neue Katzen! Was hatte ich mir nur dabei gedacht?

Am Ende dieses Sommers der einschneidenden Veränderungen war ich mit meiner Freundin Martha auf einem Schiff unterwegs, das uns zu unserer alljährlichen Auszeit auf einer Insel brachte. Ich war noch nie so glücklich, aus meinem Alltagsleben auszubrechen, und stellte mir insgeheim die Frage, ob ich die Kraft haben würde, wieder zurückzukehren. Als wir über das offene Meer fuhren, fühlte ich mich ausgelaugt und voller Selbstmitleid. *Lächerlich*, dachte ich, *sich so sentimental und erbärmlich zu fühlen, nachdem ich endlich ein gemeinsames Zuhause mit meiner großen Liebe gefunden hatte.*

Ich saß einfach da und war mit meinem eigenen Elend beschäftigt, als eine Bekannte, die zufällig auch auf dem Schiff war, zu uns kam und uns in ein Gespräch verwickelte. Sie erzählte dies und das, und ich starrte teilnahmslos auf die Wellen. Als Erste reagierte Martha und bezog mich dann mit in das Gespräch ein: »Und Ashley ist mit ihrem Verlobten zusammengezogen und zieht jetzt fünf Kinder auf.«

»Tatsächlich«, antwortete die grauhaarige Dame. Sie sah mir

fest in die Augen und fuhr langsam und ganz bewusst fort: »Dann sind Sie eine wirklich reiche Frau.«

Ich wusste sofort, was sie damit sagen wollte. Nämlich, dass ich ein erfülltes und lebendiges Leben hatte ... obwohl ich einen klitzekleinen Moment darüber nachgedacht hatte, ob sie nicht meinte, dass ich viel Geld haben müsste, um all das finanzieren zu können.

Während des Aufenthalts auf der Insel hatte ich ihre Worte oft im Ohr: *Dann sind Sie eine wirklich reiche Frau.* Stimmt. Ja. Und dann begann sich in meinem Herzen etwas zu verändern. Obwohl die Umstände die gleichen geblieben waren, begann ich zu spüren, wie unterschiedlich man eine identische Situation bewerten kann: fünf Kinder (Chaos ohne Ende) oder fünf Kinder (Fülle, Gnade, Reichtum).

Und von diesem Moment an begann ich zu begreifen, was der Satz »Ändere deine Gedanken, und dein Leben ändert sich« bedeutet. Ich fing an, den Reichtum zu erkennen, der mich umgibt.

ZWECK: Wenn wir unser Bewusstsein auf die Fülle unseres Lebens lenken, wächst unser Verständnis für diesen Reichtum. Wenn wir hingegen die Tendenz haben, uns auf Mängel, Unzufriedenheit oder Einengung zu fokussieren, hilft uns diese Übung, die Wohltaten besser wahrzunehmen. Ein offenes und freudvolles Herz zu haben führt direkt zum inneren Frieden.

»Schatzkiste«

IMPULS: Wenn Sie sich niedergeschlagen oder einsam fühlen. Diese Übung ist auch hilfreich, wenn Sie trauern, von einem geliebten Menschen getrennt sind oder von Schmerz übermannt werden.

METHODE: Schließen Sie die Augen, atmen Sie tief ein, legen Sie die Hand aufs Herz und stellen Sie sich ein Wesen vor (einen Menschen oder ein Tier), das Sie sehr lieben, egal, ob es noch am Leben oder schon tot ist, ob Sie Ihr Leben jetzt mit ihm teilen oder ob es zu Ihrer Vergangenheit gehört. Denken Sie an die gemeinsame Zeit und an die tiefe Liebe, die Sie in seiner Gegenwart empfunden haben. Erinnern Sie sich an alle Details. War es im Urlaub, zu Hause, im Wald, beim Essen? Rufen Sie sich diese Momente der Liebe ins Gedächtnis zurück, spüren Sie das Gefühl im Körper und lassen Sie es in sich erstrahlen.

Ich liebe den Kinderbuchklassiker »Wilbur und Charlotte« von E. B. White. Meine Mutter las mir die Geschichte vor, und ich las sie wiederum meinen Kindern vor. Vielleicht kennen Sie diese Geschichte der ungewöhnlichen Freundschaft zwischen einer Spinne namens Charlotte und einem Schwein namens Wilbur. Als Charlotte erfährt, dass Wilbur ins Schlachthaus kommen soll, webt sie lobende Worte für Wilbur in ihr Netz, so dass die Aufmerksamkeit für ihn geweckt wird (und für die Spinne, wenn Sie mich fragen).

Diese Lobeshymne »im Netz« sorgt dafür, dass Wilbur als Attraktion auf den Jahrmarkt kommt. Mit dieser List gelingt es Charlotte, Wilbur das Leben zu retten, und er endet nicht wie geplant als Frühstücksspeck. Sie tut das, weil sie ihn liebt und weil man das für einen Freund tut. Wilbur seinerseits kann nicht verhindern, dass Charlotte stirbt, aber er beschützt ihre Eier und sorgt für ihre Nachkommen.

Wenn ich an die Menschen denke, die mir besonders wichtig sind, dann öffnet sich mein Herz wie eine aufblühende Rosenknospe. Wenn Sie Ihren Gefühlen Aufmerksamkeit schenken, werden sie wachsen. Denken Sie heute statt an Ärger und Sorgen an die Blüte der Liebe in Ihnen. Egal, ob Ihre Liebe erst gestern oder schon vor langer Zeit erblüht ist, sie wohnt noch immer in Ihnen.

ZWECK: Wenn das Herz verschlossen ist, wird es spröde und bitter. Ein Herz muss geöffnet, ausgeschüttet und wieder gefüllt werden. Mit dieser Übung konzentrieren wir uns auf das, was gut und liebenswert ist. Und durch ständiges Trainieren können wir die emotionalen Muster in unserem Leben verändern und lernen, wie wir uns der Liebe öffnen können. Verlust, Schmerz, Angst und Trauer sind tiefe Gefühle, die manchmal dazu führen können, das Herz zu verschließen. Vergessen Sie nicht, dass die Liebe alle anderen Gefühle überragt.

»Erblühen«

IMPULS: Sie haben Angst oder sind traurig.
METHODE: Ballen Sie Ihre Hand zu einer Faust und legen Sie sie auf Ihr Herz. Atmen Sie tief ein und drehen Sie die Faust beim langsamen Ausatmen so, dass der kleine Finger zum Herzen und der Daumen nach außen schaut. Öffnen Sie dann Ihre Faust langsam wie eine aufblühende Knospe und sagen Sie: »Ich öffne mein Herz für die Liebe.«

Ein kühler Frühlingsabend in New Hampshire. Durch die offenen Fenster der im 18. Jahrhundert erbauten Kirche schwebt Weihrauchduft. Etwa 40 Menschen haben sich hier zu einem *Kirtan* versammelt, einer alten indischen Tradition, bei der spirituelle Lieder, meist im Wechselgesang, gesungen werden. Begleitet werden die Lieder oft mit Klavier, Harmonium oder Trommel. Ich saß verlegen im Holzgestühl unserer puritanischen Vorfahren, die sicherlich überrascht gewesen wären, in dieser heiligen Stätte Sanskritgesänge zu hören.
Die meisten Leute schwangen rhythmisch die Arme, auf und nieder, hin und her. Ich saß einfach nur da, mehr Beobachterin als Teilnehmerin. Ich wusste nicht genau, warum ich mich so gehemmt, so distanziert fühlte. Die Geräusche und die Gerüche waren mir inzwischen vertraut, ich wusste bereits einiges über östliche Spiritualität. Und trotzdem blieb ich verschlossen ... irgendwie isoliert.
Als ob er meine Situation gespürt hätte, hörte der Lehrer mit dem Singen auf und verkündete, er werde nun eine Visualisierung anleiten. Während er weiter leise Keyboard spielte, bat er uns, die Augen zu schließen und uns unsere Herzen vorzustellen. Dabei sollten wir uns auf unseren Herzschlag konzentrieren und beobachten, ob wir ein Bild unseres Herzens herauf-

beschwören könnten. Mir stand sofort das Bild einer Rosenknospe vor Augen.

Wir sollten das Bild verinnerlichen und auf Hindernisse rund
um unser Herz achten. Das war mir nicht ganz klar, bis zu dem
Zeitpunkt, als er uns aufforderte, die Hindernisse beiseitezu-
räumen und uns vom Ballast zu befreien. In diesem Moment
fühlte ich, dass sich die schützenden Blätter rund um die
Knospe langsam lösten. Als ich dieses Bild »sah«, begann sich
die Knospe zu entfalten. Mein Herz »blühte«, und ich fühlte,
wie ich Liebe ausstrahlte.

Ich mache diese Übung immer wieder, um mein Herz offen
und blühend zu halten. Das Herz stattdessen verschlossen zu
halten kostet sehr viel Energie – ein offenes Herz fühlt sich
zudem einfach besser an. Wenn mein Herz weit ist, spüre ich,
dass alles in meinem Leben im Fluss ist, von der Interaktion
mit meinem Mann bis zum Gespräch an der Mautstelle, um die
Autobahngebühr zu bezahlen.

ZWECK: Indem wir uns üben, ein weiches, offenes Herz zu haben, vermindern wir unseren Stress, heitere Gemütsruhe wird
immer öfter unsere Begleiterin. Innerer Frieden erblüht, wenn
unsere Herzen offen, empfänglich und großzügig sind.

»Sesam, öffne dich«

IMPULS: Ihr Herz verschließt sich, aus Angst, aus Scham, aus Verbitterung oder weil Sie abgelehnt werden.
METHODE: Führen Sie beide Hände hinter dem Rücken zusammen. Atmen Sie tief ein, weiten Sie Ihr Herz, die Schulterblätter gleiten zueinander, und richten Sie den Blick gen Himmel. Atmen Sie langsam aus und sagen Sie: »Ich liebe, und ich werde geliebt.«

Zu Beginn der 1990er Jahre hatte ich eine sehr interessante Aufgabe, die ich ehrenamtlich ausübte. Ich leitete Trauergruppen in einem Krankenhaus in Greenwich Village. Die jungen Männer in den Gruppen hatten eines gemeinsam: Die Todesursache ihrer Partner war die gleiche, sie starben an AIDS.

Im Laufe der Jahre habe ich viele solcher Gruppen geleitet, und trotz aller Individualität waren die Trauernden durch die besondere Problematik miteinander verbunden. Sie schämten sich, dass ihr Partner an AIDS gestorben war.

Und es gab die berechtigte (und oft auch bestätigte) Angst, sich angesteckt zu haben. Viele Menschen in ihrem Umfeld waren an der Krankheit gestorben, einige hatten mehr als ein Dutzend Freunde verloren.

Zu meiner Überraschung gab es noch eine Gemeinsamkeit, mit der ich nicht gerechnet hatte, die traurige Tatsache, dass sie von ihren Herkunftsfamilien regelrecht verbannt worden waren. In unseren Gesprächen kam diese befremdende Realität immer wieder ans Tageslicht, und ich sah erwachsene Männer weinen, als sie erzählten, wie sie von ihren eigenen Müttern abgelehnt und aus dem Familienverbund ausgeschlossen wurden.

Ich war zu dieser Zeit selbst eine junge Mutter, und die Idee, dass ich eines meiner Kinder meiden würde, nur weil aus ihnen nicht der Mensch geworden war, den ich mir gewünscht hatte, entsetzte mich. Zu Hause erzählte ich meinen Kindern, dass sie alles tun und lassen könnten, was sie wollten, und jeden lieben könnten, den sie wollten, und ich sie immer akzeptieren würde, egal, was passiert. Mein altkluger Sohn fragte: »Selbst wenn ich ein Gauner wäre?« »Selbst dann«, versicherte ich ihm, »selbst wenn du ein Gauner wärst.«

Ich bin häufig überrascht, an wie viele Bedingungen unsere angeblich bedingungslose Liebe geknüpft ist. Wir versichern unseren Kindern, dass wir sie lieben, aber was wir häufig damit meinen ist: »Ich liebe dich, solange du die Schule besuchst, die ich für dich aussuche, den Menschen heiratest, den ich für den richtigen halte, meine Religion praktizierst, den Job machst, von dem ich gerne hätte, dass du ihn machst.« Oder: »Ich liebe dich, solange du mich nicht enttäuschst und kein Drogenabhängiger, Alkoholiker, Ladendieb, Sexualstraftäter, Lügner oder Betrüger wirst.«

Wahrhaft bedingungslose Liebe ist weltoffen und schließt das ganze Universum mit ein. Sie reicht bis in Galaxien und über Galaxien hinaus bis ins große Nichts. Die meisten von uns haben mit dieser Vorstellung von Liebe Schwierigkeiten, denn wir können so leicht verletzt werden, wir haben Angst und schämen uns. Und wenn wir diese Gefühle haben, schnappen wir zu wie eine Wasserschildkröte, die ihre Beute packt. Wir sind so auf uns selbst fixiert, dass wir in Selbstmitleid flüchten.

Es fühlt sich nie gut an, wenn man sein Herz mit Bitterkeit oder Angst verschließt. Tatsächlich verletzen wir damit nicht nur die, die wir lieben, sondern zuerst und vor allem uns selbst.

ZWECK: Indem wir bewusst an der Öffnung unseres Herzens arbeiten, beginnen wir uns zu entfalten. Diese Übung hilft dabei, der Tendenz, uns abzukapseln, zu widerstehen und klar und mitfühlend zu denken, selbst wenn wir schockiert, ängstlich oder verletzt sind. Das ist der Beginn einer langen Reise zu einem friedvollen, nehmenden und gebenden Herzen.

Wach auf, mein Herz, wach auf!

Übungen, um sich mit dem Geist zu verbinden

Mit 25 hatte ich eine Lebenskrise. Ein einschneidendes Erlebnis. Damals arbeitete ich in New York City in der Werbeindustrie, meine Aufgabe bestand darin, Medikamente gegen Allergien zu vermarkten. Theoretisch. Praktisch verbrachte ich meine Zeit damit, Briefe zu schreiben, Fotokopien zu machen, Akten zu archivieren und eine ganze Menge Papier auf meinem Schreibtisch hin und her zu schieben. Meine Arbeit, ja mein *ganzes Leben* fühlte sich unwichtig und sinnlos an.

Ich erinnere mich an einen Spaziergang an einem warmen Frühlingsnachmittag durch die Straßen von Manhattan, es wimmelte vor Passanten. Während ich so dahinschlenderte, grübelte ich über die scheinbare Sinnlosigkeit des Lebens nach. Ich summte den Titelsong das Films »Der Verführer lässt schön grüßen«. Wohin ich auch sah, überall waren Menschen mit sich ständig wiederholenden, banalen Aufgaben beschäftigt: Sie gingen einkaufen, brachten Kleider in die Reinigung, warfen Briefe in den Postkasten oder saßen im Restaurant. Worin lag der Sinn in diesem oberflächlichen Leben, in dem alles trivial, flach und eingefahren wirkte?

Aber hier, mitten in der Upper West Side, festgefahren in meinen Gedanken über die Eindimensionalität unserer sinnlosen Welt, wurde mir klar, dass es irgendwo in unserem Dasein auch Tiefe geben musste. Es musste noch mehr geben, etwas nicht Greifbares, etwas nicht in Worte zu Fassendes, das neben der horizontalen auch eine vertikale Ebene in unser Leben brachte, etwas über und unter der Oberfläche, das die Seele berührt und den Geist entzückt. Und ich begann über die metaphysischen Aspekte des Lebens nachzudenken, über die Musik, die Dichtung, tiefe Gefühle, Liebe, Meditation und Gebet. Ja, genau mit dieser vertikalen Dimension wollte ich mich verbinden, sie wollte ich in mein Leben integrieren. In diesem Moment entschied ich mich, einen Schritt in diese Richtung zu machen, Pfarrerin oder Psychotherapeutin – das war mein Weg. Hätte ich beschlossen, alles aufzugeben und durch Indien zu pilgern, um nach Erleuchtung zu suchen wie Buddha, wäre diese Geschichte womöglich interessanter geworden, aber meine Berufung war die Psychotherapie.

Kurz darauf schrieb ich mich an der Hochschule ein, in der Hoffnung, nach dem Studium Menschen dabei helfen zu können, ihre Gefühle zu erforschen, schmerzliche Fragen zu klären und ein authentisches, mehrdimensionales Leben zu führen. Und während der nächsten 20 Jahre tat ich genau das. Es gelang mir immer besser, das Horizontale (langweilig, oberflächlich und stereotyp) vom Vertikalen (spirituell, emotional, sinnvoll) zu unterscheiden und bewusst zu handeln.

Und dann, an einem ruhigen Nachmittag, las ich ein Buch des Zenmeisters Thich Nhat Hanh mit dem Titel »Das Wunder der Achtsamkeit«, und meine zweidimensionale Welt erweiterte sich. Selbst wenn Sie das Buch nicht kennen, haben Sie vielleicht doch schon von dem Zitat des buddhistischen Mönchs gehört: »Wenn Ihr abwascht, wascht ab!« Handeln Sie danach. Denken Sie dabei nicht an die Vergangenheit und auch nicht an das, was Sie am Abend noch vorhaben. Denken Sie nicht an die Fernsehsendung, die Sie gerade anschalten wollen. Sprechen Sie nicht einmal mit Ihrem Partner. Waschen Sie einfach nur ab: Spüren Sie das Wasser zwischen Ihren Fingern, spüren Sie die Wassertemperatur, spüren Sie die Oberfläche der glatten Teller. Achtsamkeit ist das genaue Gegenteil von Multitasking. In der westlichen Welt prägt Multitasking das Alltagsleben und zwingt uns, verschiedene komplexe Tätigkeiten parallel auszuüben. Die Achtsamkeitsphilosophie der östlichen Welt regt dagegen dazu an, sich auf eine einzige Sache zu konzentrieren, und zwar nur auf diese. Ich selbst habe kein Talent zum Multitasking (das macht mich nervös), aber ich hatte vorher nicht im Entferntesten daran gedacht, dass Geschirr spülen (für mich eine horizontale Tätigkeit) eine Möglichkeit für spirituelle Achtsamkeit sein könnte (also eine vertikale Handlung).

Mit der Zeit begriff ich, dass *jede* horizontale Handlung mit vertikaler Achtsamkeit erfüllt sein kann. Und die Grenzen des zweidimensionalen Lebens, das ich vor meinem geistigen Auge hatte und in dem die horizontale die vertikale Ebene kreuzte, wurden plötzlich gesprengt. Meine Welt war jetzt dreidimensional, und sie wurde, wenn man so will, größer und größer. In jeder Facette meiner Welt hatten jetzt beide Perspektiven ihren Platz: die horizontale und die vertikale.

Heute teile ich das Leben nicht mehr in horizontal und vertikal. Nichts ist von sich aus gut oder schlecht. Man kann sich trübsinnig und unkonzentriert fühlen, auch wenn man in der Natur spazieren geht, einer Symphonie lauscht oder vor einem Guru sitzt, und man kann spirituell achtsam sein, wenn man das Bad putzt oder Karotten raspelt. Die Tätigkeit an sich ist irrelevant, alles, was zählt, ist unsere Bereitschaft, bewusst und präsent zu sein. In anderen Worten: Wir müssen keinen Himalaya-Gipfel bezwingen, der Berg ist schon in uns.

Schließlich wurde mir klar, dass die große Zweiteilung in unserem Leben nicht im Gegensatz von vertikal und horizontal liegt, sondern darin, ob wir »schlafen« oder »wach« sind. Wer schläft, lebt mit Autopilot und rast wie ferngesteuert durch seinen Alltag, der Fuß auf dem Gaspedal, aber immer im Kreis unterwegs. Wach sein heißt, mit Intention zu leben, bewusst auszuwählen, zielgerichtet zu handeln, basierend auf Erfahrung und Reflexion: ein Leben in Achtsamkeit.

Demzufolge kann man den inneren Frieden nicht allein dadurch finden, dass man versucht, die banalen Alltagsaufgaben gegen Poesie, Liebe und Spiritualität einzutauschen. Man findet ihn dann, wenn man die erhabene Schönheit und die Stille im Hier und Jetzt entdeckt, in den alltäglichen Momenten, denn ein jeder hat das Potenzial, etwas ganz Besonderes zu sein.

In den Übungen dieses Kapitels geht es nicht darum, unseren Alltag zu verändern. Sie sollen uns nur dabei helfen, die überall vorhandene Energie zu entdecken, die unsere Erde mit Schönheit, Güte und Liebe erfüllt. Diese Energie kann viele Namen haben, aber meiner Erfahrung nach ist sie sowohl in uns als auch jenseits von uns zu finden.

Sobald wir unseren Blickwinkel erweitern, beginnen wir auch unseren Bewusstseinsrahmen auszudehnen. Wir fangen an, das Leben zu akzeptieren, weniger Widerstand zu leisten und darauf zu vertrauen, dass es eine Ordnung in alldem gibt, auch wenn wir sie nicht sehen. Wahrhaftiger innerer Frieden kann im Grunde mit einem einzigen Wort erreicht werden: *Ja.* Ja zum Leben zu sagen in all seinen Ausprägungen (dazu gehören auch Krankheit, Älterwerden, Veränderungen, Regentage und sogar der Tod). Indem wir lernen, mit dem Fluss des Lebens zu schwimmen, werden wir uns friedlich und in unserer Mitte fühlen, egal, ob wir in einem Krankenhauswartezimmer sitzen oder auf der Massagebank liegen.

Klingt verrückt? Ist es aber nicht. Den Geist zu wecken bringt eine innere Ausrichtung am Universum mit sich, wodurch wir einen Blick auf die Gnade und den Frieden in einer sonst so chaotischen Welt erhaschen. Wir bemerken vielleicht die Bewegungen an der Wasseroberfläche, mal sanft und mal stürmisch, aber das ist nicht so wichtig, wenn wir im ruhigen tiefen Wasser treiben.

»Dankgebet«

IMPULS: Vor dem Essen.

METHODE: Strecken Sie die Hände mit den Handflächen nach oben rechts und links neben Ihrem Teller aus, als Geste der Empfänglichkeit und der Dankbarkeit. Sie können die Hände aber auch falten oder in der Grußgeste Namasté zusammenführen. Als Zeichen der Dankbarkeit verbeugen Sie sich dann leicht vor Ihrem Essen. Nehmen Sie die Dankbarkeit wahr und erlauben Sie sich, dieses Gefühl wie einen Nährstoff durch den Körper fließen zu lassen.

In meiner Kindheit wurde bei meinen Großeltern vor dem Abendessen ein Tischgebet gesprochen. Das Ganze war sehr zeremoniell, nur mein Großvater durfte den Dank an Gott richten. Wir hielten uns mit geschlossenen Augen an den Händen, während er ein christliches Gebet sprach. Ich muss zugeben, dass mir dieses Ritual nicht viel bedeutete. Ich fühlte mich weder besonders dankbar noch mit einer höheren Macht verbunden. Als meine Kinder noch kleiner waren, entschied ich mich trotzdem, vor dem Abendessen eine Art Gebet zu sprechen. Ich ließ mir einen kurzen Text einfallen, drei Sätze, die man sich gut merken konnte (was mir gelang). Vor jedem Essen sagten wir: »Lieber Gott, wir danken für deine große Gnade. Danke für unser Essen. Und segne auch die, die weniger Glück haben als wir.« Leider sorgte dieses kleine Gebet nicht dafür, dass irgendjemand von uns besonders dankbar war oder sich mit einer höheren Macht verbunden fühlte. Meine drei Kinder nutzten das An-den-Händen-Halten sogar zu kleinen Schubsereien. Völlig außer Kontrolle geriet das Ganze dann, als sie die Sätze in Rekordtempo herunterzurattern begannen, manchmal bereits mit vollem Mund.

Ich gab das Tischgebet auf, denn es hatte seinen Sinn verloren und sich in eine Komödie am Esstisch verwandelt. Dann las ich eines Tages einen Artikel über Indianer und die Sitte, dass sie sich nach der Jagd bei dem getöteten Tier bedankten und es für seine Gaben segneten. Für die Indianer spielte Dankbarkeit eine zentrale Rolle: Sie dankten für die Gaben der Erde, für die Fülle der Natur. Sie folgten dem Lauf der Jahreszeiten und vergaßen nie, dass sie von der Natur und den Tieren abhängig waren.

Das inspirierte mich, das »Tischgebet« wiederaufleben zu lassen. Und nicht nur beim Abendessen, sondern auch bei jeder anderen Mahlzeit, ja selbst bei jedem Snack. Ich verbeuge mich vor dem Essen und erinnere mich daran, dass ich, ohne zu essen, sterben würde. Essen und Trinken halten mich am Leben, und deshalb bin ich dankbar dafür. Und seitdem meine Hypoglykämie diagnostiziert wurde, weiß ich, dass ich ohne regelmäßige Nahrungszufuhr irgendwann zusammenbrechen und meine Gesundheit ernsthaft gefährdet würde.

Und auf diese Weise ist das »Danken« wieder an unseren Esstisch zurückgekehrt. Wir halten uns an den Händen und singen eine kurze Version von »The Lord is good to me«. Dieses Kinderlied hat neben der Dankbarkeit für Gottes Gaben auch fröhliche Elemente. Und nach dem Lied verbeuge ich mich dankbar vor meinem gefüllten Teller.

ZWECK: Wenn wir bewusst unsere Dankbarkeit für die Nahrung zum Ausdruck bringen, die uns am Leben erhält, steigern wir unsere Achtsamkeit und leiten unsere Gedanken vom Alltagsstress weg, hin zur Wertschätzung dessen, was wir haben. Dankbarkeit ist in hohem Maße mit dem inneren Frieden verbunden.

»Myku«

IMPULS: Sie machen sich Sorgen um Banalitäten, sind hektisch und nervös oder haben den Gedanken: »Jetzt ist Schluss, ich möchte endlich die schönen Dinge des Lebens genießen.«

METHODE: Der Haiku ist eine traditionelle japanische Gedichtform. Im Deutschen werden Haiku in der Regel dreizeilig geschrieben, die erste Zeile hat fünf, die zweite sieben und die dritte wieder fünf Silben. Ein *Myku* ist eine von mir erfundene einfache Version des Haiku, ein Dreizeiler ohne festgelegte Silbenzahl (deshalb auch *my ku = mein ku*). Schreiben Sie ein Haiku oder ein Myku und konzentrieren Sie sich dabei auf alles, was Sie gerade umgibt. Versuchen Sie sich auf etwas zu konzentrieren, das Ihnen bis dato noch nicht aufgefallen ist.

Hier zwei Beispiele:

Staub liegt
auf meinem Schreibtisch
blauer Himmel.

Fingerabdrücke auf dem Bildschirm,
Schatten fallen auf sie,
der Boden tanzt.

Einer meiner Lieblingsplätze auf unserem Planeten ist eine Gruppe von Felseninseln etwa 15 Kilometer vor der Küste von New Hampshire mit dem Namen Isles of Shoals. Vor allem Star Island, eine kleine Insel, auf der keine Autos fahren und man herrlich entspannen kann, zieht mich jedes Jahr wieder in ihren Bann. Einmal reiste ich mit einer Gruppe von Dichtern und Liedermachern dorthin, um uns inspirieren zu lassen.

Am ersten Nachmittag erforschten wir die Insel, suchten nach kleinsten Details und versuchten unsere Entdeckungen in Lyrik umzusetzen. In diesem Sommer spukte mir besonders viel im Kopf herum, da ich mitten in meiner Scheidung steckte, diese Gedanken ließen mich keine Sekunde los. Was mir bei unserer Exkursion wohl einfallen würde? Bestenfalls ein Scheidungsgedicht! Aber ich wollte keine Spielverderberin sein und bemühte mich, das, was ich bei unserem Spaziergang über die Insel sah, in Worte zu fassen.

Ich wählte dazu die Form des Haiku, weil sie so einfach und zielorientiert ist. Nach einer Weile begann ich Drei-Zeilen-Gedichte ohne Versmaß zu schreiben, um freier im Ausdruck sein zu können. Ich nannte sie »Myku«, meine Form des Haiku.

An diesem sonnigen Augusttag entdeckte ich etwas, was mich von meinen quälenden Gedanken entlastete. All meine Sorgen über Gütertrennung, gemeinsames Sorgerecht für die Kinder, Steuern, Unterhaltszahlungen, Lebensversicherung, Krankenversicherung, ganz zu schweigen von dem Schmerz, Träume ad acta legen zu müssen, und der Angst vor der Reaktion meiner Kinder, hatten sich in Luft aufgelöst. In dem Moment, als ich meine Achtsamkeit den zauberhaften Blüten der Queen-Anne-Karotte, dem Kreischen der Möwen und der salzig-würzigen Luft zugewandt hatte, waren Stress und Grübeleien wie weggeblasen.

Ich lernte, dass mir diese Ablenkung nicht nur eine Atempause von meinen Problemen verschaffte, sondern meine Sorgen im Angesicht der Schönheit der Schöpfung plötzlich ganz klein erschienen. Wir verbringen jeden Tag sehr viel Zeit damit, den negativen Dingen Aufmerksamkeit zu schenken: unseren Schmerzen, den unbezahlten Rechnungen, dem Stress bei der Arbeit, schwelenden Konflikten, Strafzetteln und sonstigen Alltagssorgen. Nehmen Sie sich einen Moment Zeit, ein Myku über die kleinen Dinge zu schreiben, die Sie umgeben, und erlauben Sie der dabei gemachten Erfahrung, Sie wieder mit unserer wunderbaren Erde zu vereinen.

ZWECK: Indem wir unsere Aufmerksamkeit einen Moment von allem abwenden, was uns beschäftigt, gewinnen wir eine neue Perspektive und erkennen, wie klein unsere Sorgen im Vergleich mit der wunderbaren Welt sind, die uns umgibt.

»Heiße Luft«

IMPULS: Wenn Sie von Ängsten gequält werden.
METHODE: Stellen Sie sich vor, Sie fahren in einem Heißluftballon und schauen von oben auf sich herab. Betrachten Sie Ihr ganzes Leben inmitten der sie umgebenden Welt. Atmen Sie dann tief ein. Atmen Sie langsam aus, entspannen Sie die Schultern und sagen Sie sich: »Die Welt ist riesig, und ich bin nur ein kleines Puzzleteil im großen Ganzen.«

Als meine Kinder noch klein waren, machten wir Winterurlaub in Utah. Obwohl ich nie eine große Skifahrerin war, freute ich mich auf die wunderschöne verschneite Landschaft. Eines Tages bekamen wir das Angebot, eine Fahrt in einem Heißluftballon zu machen, das wir auch annahmen.

Ich erwartete einen interessanten Nachmittag, mehr nicht, aber es kam anders. Ich machte eine Erfahrung, die mein Leben veränderte.

Mein damaliger Mann, ich, unsere drei Kinder (neun, sieben und fünf) und etwa acht weitere Touristen stiegen in einen großen Korb, der anschließend durch nichts als eine große Menge heißer Luft nach oben getragen wurde.

Am Anfang bekam ich Panik, zwanghafte Gedanken quälten mich: *Ist das hier wirklich sicher? Was, wenn wir nicht mehr genug heiße Luft haben und in den Tod stürzen? Was, wenn jemand über Bord geht?* Als meine Panik immer größer wurde, kauerte ich mich am Boden des Korbs zusammen. Und dann hörte ich die engelsgleiche Stimme meiner neunjährigen Tochter, die über den Rand des Korbs spähte: »Cool, schau dir das an. Wie groß die Welt ist!« Ihre kindliche Begeisterung schenkte mir eine neue herausfordernde Perspektive und den Mut, aus dem Gefängnis meiner eigenen Gedankenwelt auszubrechen.

Ich wagte einen Blick über den Rand und spürte die belebende, prickelnde Luft auf meinem Gesicht. Ich deutete nach unten und war bezaubert von den Bergen, Tälern und Dörfern. Tief beeindruckt von der majestätischen Größe der Erde unter uns, hatten meine Ängste jede Bedeutung verloren.

Wenn ich heute gestresst und besorgt bin, stelle ich mir vor, ich wäre wieder dort oben, fasziniert von der Welt um mich herum, und sehe mein Leben als Staubkörnchen im großen Ganzen.

ZWECK: Wenn wir die jeweilige Situation aus einer anderen Perspektive sehen, kann das unseren verunsicherten Geist stärken. Sich daran zu erinnern, dass sich die Welt nicht um uns dreht, gibt uns die Möglichkeit, zu entspannen und inneren Frieden zu erleben.

»Schönwetterfreund«

IMPULS: Wann immer Ihnen das Wetter auf den Geist geht.
METHODE: Wenn Sie sich dabei ertappen, dass Sie sich über das Wetter aufregen – *hören Sie sofort damit auf.* Anstatt in den Chor der Unzufriedenen mit einzustimmen, sagen Sie: »Wirklich? Also ich mag dieses Wetter.« Normalerweise reagiert Ihre Umgebung dann schockiert. Wenn Ihnen ein solcher Satz nicht überzeugend über die Lippen kommt, versuchen Sie es mit Fakten wie: »Stimmt, es regnet jetzt seit fünf Tagen« oder »Gestern hat es 30 Zentimeter geschneit«. Wenn Sie es nicht positiv formulieren können, bleiben Sie auf jeden Fall objektiv. Führen Sie sich vor Augen, dass die Erde jedes Wetter braucht, um gesund zu bleiben. Und Sie werden feststellen, dass die meisten Menschen rund um den Globus mit dem Wetter nicht zufrieden sind.

Ich habe schon unter ganz verschiedenen klimatischen Bedingungen gelebt. Da ich in Texas aufgewachsen bin, war ich daran gewöhnt, dass es im Sommer bis zu 40 Grad heiß werden konnte, und ich erinnere mich nicht, mich jemals darüber beschwert zu haben. Als Kinder haben wir einfach gespielt und das Wetter so genommen, wie es kam. Erst als ich später im Nordosten der USA wohnte, fiel mir auf, dass die Leute über das Wetter schimpften: das populäre »Wetter-Gemotze«.

Ein Lieblingssatz in New Hampshire lautet: »Ich kann den Schnee nicht mehr sehen.« Dann möchte ich am liebsten antworten: »Wirklich? Warum leben Sie dann in New England?« Verstehen Sie mich nicht falsch, ich habe mich mehr als genug über die Kälte in New England beschwert. Durch meinen niedrigen Blutdruck leide ich oft an kalten Fingern und Fußzehen.

Und über den Dauerregen im vergangenen Juni habe ich auch gejammert. Gleiches gilt für das Schneeschippen, den eisigen Wind und die tiefen Minustemperaturen.

An einem düsteren Wintertag vor einigen Jahren hat sich meine Sicht der Dinge radikal verändert. Ich aß in einem Restaurant mit einem Freund zu Mittag, als ich draußen einen Mann mit einem T-Shirt vorbeikommen sah, auf dem in neongrünen Lettern stand: LASS DIR VOM WETTER NICHT DIE STIMMUNG VERMIESEN.

Wow. Darüber hatte ich noch nie nachgedacht. Stimmt – warum sollte das Wetter bestimmen können, wie ich mich fühle? Das Wetter lässt sich nicht kontrollieren, es kann sogar nur schwer vorhergesagt werden. Es ändert sich immer wieder, und keine Macht auf Erden kann es beeinflussen. Warum sollte etwas so Unberechenbares die Basis für meinen alltäglichen Gemütszustand sein?

Seit diesem Tag übe ich mich in einer neutraleren Haltung gegenüber dem Wetter. Ja, ich mag tatsächlich keine Kälte. Und extreme Hitze auch nicht. Meine Wohlfühltemperatur liegt in dem schmalen Bereich zwischen 20 und 26 Grad (was bedeutet, dass ich diesen Komfort in New England nicht wirklich oft genießen kann). Aber ich versuche, das Beste daraus zu machen. Ich freue mich über die Gesichter meiner Mitmenschen, wenn ich verkünde, dass ich den Regen liebe. Und ich bleibe unbeeindruckt, wenn ich bei extremen Minustemperaturen mit klappernden Zähnen den Wagen starte und die eisige Luft mich erschauern lässt.

Und wissen Sie was? Keine Wetterlage bleibt ewig. Entspannen Sie sich, warten Sie auf die Veränderung und machen Sie das Beste aus der jeweiligen Situation.

ZWECK: Führen Sie sich vor Augen, dass die Erde, auf der wir leben, alle Arten von Wetter braucht, um gesund und in Balance zu bleiben. Wenn wir uns über das Wetter beschweren, lassen wir negative Energie in unseren Geist und unseren Körper sickern. Sich gegen etwas zu wehren, das man nicht beeinflussen oder kontrollieren kann, ist sinnlos. Sich mit etwas anzufreunden, das gute Energie in Ihrem Leben erzeugt, ist hingegen positiv und führt zu innerem Frieden.

»Weiße Flagge«

IMPULS: Wenn Sie Angst vor einem Ergebnis haben, das Sie nicht beeinflussen können (wie dem Befund einer ärztlichen Untersuchung oder der College-Zulassung).

METHODE: Schließen Sie die Augen, atmen Sie ein und stellen Sie sich vor, einen Masten mit einer weißen Flagge in der Hand zu haben. Atmen Sie tief und langsam aus, entspannen Sie die Schultern, stellen Sie sich vor, wie Sie die Flagge schwenken, und sagen Sie: »Ich ergebe mich allem, was geschieht. Ich ergebe mich allem, was geschehen wird. Ich ergebe mich dem Gang der Dinge.«

Ich saß im Sprechzimmer des Tierarztes und wartete auf die Ergebnisse der Ultraschalluntersuchung meines Hundes. Es ging darum, ob sein Tumor operabel war oder nicht. Ich betrachtete die heiteren Bilder von Hundewelpen, Kätzchen und Häschen an den Wänden. Mein Golden Retriever beschnüffelte meine Hand und leckte meine Finger.

Hickory war fast zwölf und war wie ein zweiter Sohn für mich. Ich hatte ihn zum ersten Mal gesehen, als er eine Woche alt war, und zwei Monate später war er ein gleichberechtigtes Mitglied unserer Familie. Seit dieser Zeit war er mit meinen drei Kindern aufgewachsen.

Jetzt hatte er einen Tumor, der größer war als eine Grapefruit. Die Prognose ungewiss, wie so oft bei Krebs. Ob man operieren konnte, war unklar. Deshalb saß ich hier und wartete auf den Befund. Ich schloss meine Augen und erinnerte mich an unsere gemeinsame Zeit mit Hickory, daran, wie er Eichhörnchen gejagt hatte, voller Optimismus, irgendwann eines zu erwischen, obwohl er es bereits seit zwölf Jahren vergeblich versuchte. Ich dachte daran, wie er am Bett gesessen hatte, wenn eines der Kinder krank war, geduldig unter meinem Schreibtisch gelegen hatte, während ich schrieb, und sich schon beim leisesten Donnergrollen ängstlich versteckte. Unser guter alter Hickory.

Ich hatte einen Kloß im Hals. Und dann spürte ich den Impuls, loszulassen, mich einfach in die Ungewissheit fallen zu lassen. Ich schwenkte die weiße Flagge und ergab mich einem für den Augenblick unsicheren Schicksal, das im Grunde aber schon besiegelt war. Für einen glücklichen Ausgang zu beten erschien mir kindisch und sinnlos. Die Fakten waren klar, wir mussten sie uns nur bewusst machen. Ich schwenkte die weiße Flagge und entspannte mich.

Der Tierarzt kam herein und schlug einen gemeinsamen Spaziergang vor. Tränen traten mir in die Augen, denn wenn er mir auf diese Art das Ergebnis mitteilen wollte, konnte das nur heißen, dass Hickorys Leben bald zu Ende sein würde. Ich atmete noch tiefer ein, bereit, die Realität zu akzeptieren.

Und dann stellte sich heraus, dass der Tumor noch keine Metastasen gestreut hatte. Mit einer Operation hatten wir die Möglichkeit, Hickorys Leben etwas zu verlängern … was wir auch taten, mit Erfolg. Aber mir ist klar, dass es nur eine Frage der Zeit ist, wann ich mich von meinem treuen vierbeinigen Freund verabschieden muss. Ich genieße jeden Tag, an dem er noch bei uns ist, und schwenke die weiße Flagge, als Zeichen, das Leben so zu nehmen, wie es ist, mit Freud und Leid. Ich ergebe mich dem Schicksal und spüre Frieden.

ZWECK: Wenn wir uns ohne Wenn und Aber den höheren Kräften des Universums anvertrauen, Kräften, die wir nicht kontrollieren können, spüren wir einen tiefen Frieden, der unseren Körper durchdringt und uns mit der natürlichen Ordnung der Dinge in Einklang bringt.

»Finger Food«

IMPULS: Wenn Sie frustriert, angespannt oder unausgeglichen sind.

METHODE: Schließen Sie die Augen und setzen Sie sich entspannt hin. Sagen Sie SA TA NA MA und wiederholen Sie diese Silben immer wieder. Berühren Sie dabei mit den Fingern der einen Hand den Daumen der anderen Hand, und zwar nach folgendem Muster:

Daumen an Zeigefinger: Sagen Sie SA.

Daumen an Mittelfinger: Sagen Sie TA.

Daumen an Ringfinger: Sagen Sie NA.

Daumen an kleinen Finger: Sagen Sie MA.

Wiederholen Sie die Sequenz erst laut, dann flüsternd und schließlich nur noch in Gedanken: SA TA NA MA.

Vor kurzem stand ich gewaltig unter Zeitdruck: Ich saß am Schreibtisch und arbeitete fieberhaft an einem Artikel, in einer halben Stunde kam ein Klient, und ich musste einen Haufen Rechnungen verschicken, eine Anrufliste und eine kilometerlange To-do-Liste abarbeiten. Es war einer dieser Tage, an dem ich mir sicher war, dass ich nicht alles schaffen würde, was ich erledigen wollte (und es stellte sich heraus, dass ich recht hatte).

In diese Stresssituation hinein klingelte das Telefon. Ich ging nicht dran. Aber meine Neugier siegte dann doch, und ich hörte die Nachricht ab, die man auf meinen Anrufbeantworter gesprochen hatte. Mein Zahnarzt wollte den Zahnreinigungstermin für die nächste Woche bestätigen. Im Normalfall wäre das ein hilfreicher Anruf gewesen, ich schätze Terminerinnerungen sehr. Aber in diesem Fall bat mich die Zahnarzthelferin, zurückzurufen und zu bestätigen, dass ich die Nachricht erhalten hatte. *Wie bitte?,* dachte ich wütend (das war der berühmte Tropfen, der das Fass zum Überlaufen brachte). *Ich habe fünf Kinder und einen Mann und muss 1000 verschiedene Termine bei Ärzten und Zahnärzten koordinieren, und noch nie hat mich jemand um Rückruf gebeten. Dafür habe ich keine Zeit!*

Trotzdem nahm ich das Telefon, tippte hektisch die Nummer ein, den Kopf voller negativer Gedanken, von innerem Frieden keine Spur. Ich blaffte ins Telefon: »Ashley Bush. Montag, halb elf, ich komme.« Und dann legte ich sofort wieder auf, ohne dass die Sprechstundenhilfe auch nur den Hauch einer Chance gehabt hatte, »Wie kann ich Ihnen helfen?« zu sagen.

Was war denn da in mich gefahren? Mein Herz begann zu rasen, ich schämte mich, meine Aggression war mir peinlich. Was tun? Ich erinnerte mich an die »SA TA NA MA«-Übung, von der mein Yogalehrer gesagt hatte, sie würde meinen Energiefluss in die richtigen Bahnen lenken und mein inneres Gleichgewicht wiederherstellen. Damals hatte ich keine Ahnung, was die Silbenfolge überhaupt bedeutete, aber das war mir egal. Ich setzte mich auf meinen Stuhl, und meine Finger tanzten mit meinen Daumen, erst schnell und dann immer langsamer, SA TA NA MA, immer und immer wieder.

Nachdem ich die Übung etwa drei Minuten lang praktiziert hatte, begann ich mich besser zu fühlen. Mein Herzschlag verlangsamte sich. Ich verzieh mir meine aggressive Respektlosigkeit und entschuldigte mich gedanklich bei der Sprechstundenhilfe, die nur ihren Job machte. Und ich bedankte mich bei allen anderen Ärzten, die man nicht zurückrufen musste.

ZWECK: Diese vier Silben sind Sanskrit und bedeuten »Geburt«, »Leben«, »Zerstörung« und »Erneuerung«. Beim formelhaften Rezitieren fördern sie Konzentration, Klarheit und Stressabbau. Indem wir diese Silben ständig wiederholen, verbinden wir uns mit dem Kreislauf des Lebens.

Außerdem drosselt diese Übung unser Tempo, so dass wir unsere Mitte wiederfinden und in Frieden leben können.

»Gesundheit«

IMPULS: Sie ertappen sich bei gekränkten, voreingenommenen, neidischen oder eifersüchtigen Gedanken.

METHODE: Atmen Sie tief ein, und wenn Sie langsam und vollständig ausatmen, sagen Sie dem Adressaten Ihrer negativen Gedanken: »Gesundheit!« (wie nach dem Niesen). Wünschen Sie ihm Glück und Freude und meinen Sie es auch so.

Als Jugendliche las ich mit großer Begeisterung Teeniemagazine. Ich hatte verschiedene Titel abonniert und wartete gespannt darauf, Neues über Trends, Mode und Berühmtheiten zu erfahren und die Tipps zu lesen. An einen Artikel kann ich mich besonders gut erinnern, weil ich beim Lesen regelrecht schockiert war.

Die Schlagzeile lautete in etwa: »Sie ist schön. Sie ist talentiert. Sie ist reich. Wir hassen sie.« Warum hassen Frauen andere Frauen, weil sie hübscher und beliebter sind oder es vermeintlich besser haben? Diese Neidkultur beginnt schon im Teenageralter. Schon damals war ich betroffen, wie boshaft und gemein der Ton unter Frauen sein kann. Das Gleiche lässt sich sicher auch über den Umgang zwischen Frauen und Männern oder bei Männern untereinander sagen, aber in unserer Gesellschaft ist die Rivalität zwischen Frauen besonders ausgeprägt und wird von den Medien noch gepuscht.

Woher kommt dieser böswillige Egoismus? Vielleicht ist es ein Überbleibsel aus der Steinzeit, wo nur der Stärkste überlebte. Es gab nicht genug Nahrung für alle, und das Wohlergehen des einen bedeutete das Leiden des anderen. Der Stärkere überlebte, der Schwächere blieb auf der Strecke.

Aber haben wir diese Zeit nicht längst hinter uns gelassen? Heute ist Wohlergehen für die meisten möglich. Das Glück des einen bedeutet nicht zwangsläufig das Leid des anderen. Das Wohlergehen des Einzelnen kann Inspiration und Quell der Freude für andere sein.

Dem grünäugigen Neidmonster zu erlauben, sich unseres Geistes zu bemächtigen und uns unsere sozialen Fähigkeiten zu rauben, ist wie ein schleichendes Gift, das unseren inneren Frieden zersetzt. Böswilligkeit und Neid kehren wie ein Bumerang zu uns zurück. Die eigene Freude mit anderen zu teilen befreit hingegen unseren Geist.

Selbst wenn wir das Gefühl haben, jemanden zu hassen, ist es möglich, dieses Gefühl zur Kenntnis zu nehmen und dann wegfliegen zu lassen, wie einen Luftballon. Wenn wir unseren negativen Gefühlen keine Nahrung geben, lösen sie sich auf, und wir können uns auf unsere Fähigkeit, Glück zu empfinden, konzentrieren. Dann können wir auch großzügig mit guten Wünschen um uns werfen, wie mit Bonbons bei einem Festumzug.

ZWECK: Indem wir anderen Glück wünschen, öffnen wir unsere Herzen und bauen die Spannungen und die Missgunst ab, die uns Stress verursachen. Wenn wir positive Energie ausstrahlen, kommt sie zehnfach zu uns zurück.

»Einschalten«

IMPULS: Sie fühlen sich einsam, verwirrt oder sind neben der Spur.

METHODE: Unterbrechen Sie das, was Sie gerade tun, richten Sie die Wirbelsäule auf, entspannen Sie die Zunge, atmen Sie tief ein und mit einem langen Summen wieder aus. Wiederholen Sie das noch zweimal. Stellen Sie sich vor, dass Ihr Summen um die ganze Welt reist. Dass es eine Wolke ist, die über den Erdball wandert und allem, was sie berührt, positive Energie schenkt. Spüren Sie das Vibrieren in sich, das Sie damit verbindet.

Als ich im siebten Schuljahr war, kam ich zum ersten Mal mit Yoga in Berührung. Es war ein sechs Wochen dauernder Einführungskurs, der Teil des Sportunterrichts war. Wir lernten einfache Dehnungsübungen, die uns großen Spaß machten. Aber am lebendigsten erinnere ich mich daran, dass wir am Anfang und am Ende der Stunde »Om« getönt haben.

Für eine Gruppe von Siebtklässlern war es gar nicht so einfach, mit überkreuzten Beinen auf dem Boden zu sitzen und »Om« zu tönen, ohne dabei zu kichern – natürlich kicherten wir. Und trotzdem wurde dabei etwas in mir angesprochen. Seitdem habe ich diese einfache Übung des Ausatmens mit Summton in mein Leben integriert, auch außerhalb der Yogastunden.

Im traditionellen Yoga ist »Om« (oder auch Aum) der Klang der Schöpfung oder das Tonsymbol des Universums. Es heißt, »Om« zu tönen verbindet den Menschen mit dem Rhythmus des Lebens, dem Auf- und Untergang der Sonne, dem Auf und Ab der Gezeiten, dem Lauf des Mondes, dem Gang der Jahreszeiten, dem Schlag unseres Herzens.

Ich denke, dass jedes Summen, selbst das Geräusch der Stimmgabel, die Vibrationsenergie in unserem Körper aktiviert, die uns in den Schwingungskreis rund um den Erdball integriert. Summen Sie – es wird Ihnen guttun!

ZWECK: Wenn wir unsere Gedanken auf die Welt um uns herum lenken, spüren wir die Verbindung zu etwas Größerem. Unsere Stimmen haben die Kraft, die Anspannung in unserem Körper zu lösen, unsere Schwingungsfrequenz einzupendeln und unsere Seele zu beruhigen.

»Lass die Finger den Weg finden«

IMPULS: Sie fühlen sich blockiert und brauchen eine Pause, um neue Inspiration zu finden. Vielleicht fühlen Sie sich entmutigt oder haben sich aus dem Konzept bringen lassen.

METHODE: Bevor Sie die Reise durch das Fingerlabyrinth antreten, nehmen Sie sich einen Moment Zeit und entspannen Sie sich. Fahren Sie mit dem Finger oder dem Ende eines Stiftes durch das Labyrinth. Beginnen Sie unten in der Mitte und folgen Sie dem Weg ins Zentrum und wieder zum Ausgangspunkt zurück. Versuchen Sie Ihre Aufmerksamkeit direkt auf den Punkt zu lenken, an dem der Stift oder Ihr Finger das Papier berührt. Wenn Sie möchten, können Sie vor dem Beginnen auch eine Intention setzen oder eine Frage formulieren, auf die Sie eine Antwort suchen. *Gehen Sie langsam vor* – das ist kein Wettrennen.

Die ersten praktischen Erfahrungen mit einem Labyrinth machte ich mit meiner Tochter in einem spirituellen Zentrum. Es lag in einem weitläufigen Park, der mir mit seinen verschlungenen Wegen wie eines dieser Maislabyrinthe vorkam, die es in New England im Herbst auf vielen Feldern gibt. Stattdessen stellte ich fest, dass es in diesem Park nur einen einzigen Weg hinein und hinaus gab. Sich dort zu bewegen sollte nicht dem Vergnügen dienen, sondern der Meditation.

Meine damals 13-jährige Tochter war natürlich nicht an einem meditativen Spaziergang interessiert und drängte auf ein schnelleres Tempo, damit wir möglichst bald wieder im Zentrum waren. »Ich glaube, es geht hier eher um den Weg als um das Ziel«, versuchte ich ihr zu erklären. Wenngleich sie nicht sehr beeindruckt war, etwas Gutes hatte dieses Erlebnis: Mein Interesse an Labyrinthen war geweckt.

Die zweite Begegnung mit einem Labyrinth hatte ich während einer Klausur auf Star Island, einer abgelegenen Insel vor New Hampshire. Dieses Mal war ich allein und konnte mir Zeit nehmen. Die Erfahrung war überwältigend. Jeder Schritt kam mir wie eine Metapher für das Leben vor: Konzentriere dich auf den nächsten Schritt und kümmere dich nicht um das Ziel. Gehe deinen Weg und bleibe hin und wieder stehen, halte inne und atme tief ein (in diesem Fall die Seeluft). Vertraue auf den Gang der Dinge, auch wenn du dich verloren fühlst.

Als ich im Zentrum des Labyrinths angekommen war, entdeckte ich einen Schrein aus Steinen, Strandglas, Vogelknochen, kleinen Schmuckstücken, Tonscherben und anderen kleinen Schätzen. Diese Gaben zu sehen ließ mich mit all denen verbunden fühlen, die den Weg vor mir gegangen waren. Seit diesem Tag bin ich durch viele Labyrinthe gegangen, kleine und mit Gras überwucherte oder gut gepflegte große. Für mich ist es jedes Mal ein neues Abenteuer, ein kleines Wunder. Als ich das Fingerlabyrinth entdeckte, war ich Feuer und Flamme und musste es sofort ausprobieren.

Einige Minuten innezuhalten, in die Drehungen und Wendungen einzutauchen und schließlich den Ausgang zu finden erlaubt es dem Geist, eine Weile abzuschalten. Ich bin immer wieder verblüfft, dass mir während meines Weges durch ein Labyrinth Gedanken in den Kopf schießen, als wären es geheimnisvolle Nachrichten, die mir gesandt werden, um mich zu führen oder zu trösten. Versuchen Sie es selbst!

ZWECK: Diese Übung hilft uns, im Hier und Jetzt geerdet zu bleiben und aus unseren rasenden Gedanken auszubrechen. Indem unser Geist zur Ruhe kommt, können wir regenerieren und von neuem beginnen.

Dieses Labyrinth stammt aus der Kathedrale von
Chartres in Frankreich. Es entstand im 13. Jahrhundert
und ist das berühmteste aller Labyrinthmuster.

»Freude in die Welt«

IMPULS: Beim Haareföhnen.

METHODE: Nehmen Sie sich einen Moment Zeit, halten Sie den Föhn in Richtung Fenster und blasen Sie ein bisschen Freude in die Welt. Sagen Sie: »Ich verbreite Freude für alle Wesen auf dieser Erde.« Denken Sie an Trauernde, die mit schmerzlichen Verlusten zu kämpfen haben, an Menschen mit schweren Krankheiten, Depressionen oder schlimmen Ängsten, an Menschen in Krankenhäusern und Gefängnissen, an Menschen, die in Scheidung leben oder gerade heiraten, an Frauen, die gerade Mutter geworden sind, an Frauen, die keine Kinder bekommen können, an Opfer von Naturkatastrophen – und empfinden Sie tiefes Wohlwollen, wenn Sie Ihre Freude hinaus in die Welt blasen. Schenken Sie der Menschheit Ihr Mitgefühl.

Das erste Mal sah ich eine tibetische Gebetsmühle seltsamerweise auf einem Rummelplatz in Texas, zu dem mich mein Vater mitgenommen hatte. Ich stand versonnen zwischen den Imbissbuden und war mit mir selbst beschäftigt. Wir waren gerade bei der Nutztierausstellung gewesen und hatten eine Muttersau gesehen, die ihre zwölf Ferkel säugte. Wir bogen nach links ab, wo sich ein Stand an den anderen reihte, dort gab es alles Mögliche zu kaufen, vom selbstgemachten Schmuck bis zu Cowboyhüten, vom letzten Schrei für die Küche bis zu mundgeblasenen Gläsern.

Wie eine Fata Morgana tauchte in der Ecke plötzlich ein Stand mit exotischen Dingen auf. Betörender Weihrauchgeruch stieg mir in die Nase. Wie in Trance ging ich hinüber. Der Stand quoll über vor indischen Stoffen, Buddhastatuen, Bildern von Hindugottheiten und Schmuck aus Nepal. Ich kam mir vor, als wäre ich durch Raum und Zeit in einen fernöstlichen Basar gereist.

Mitten auf einem Tisch stand ein großes Gefäß voller tibetischer Gebetsmühlen. So etwas hatte ich noch nie gesehen. Sie bestanden aus einem mit Steinen besetzten Kupfer-, Messing- oder Silberzylinder, der auf einem zauberstabähnlichen Stock befestigt war. In jedem Zylinder befand sich eine handbeschriebene Papierrolle mit den Worten »Om mani padme hum«, »Om im Juwelen-Lotus«.

Der Verkäufer hielt eine Gebetsmühle in die Höhe. Er sprach mit einem starken Akzent und erklärte: »Du hältst den Stock hoch und drehst den Zylinder im Kreis. Das Gebet darin wird ins Universum entlassen, um alle fühlenden Wesen zu segnen.« Dann lächelte er breit.

Den Segen in die Welt hinauszuschicken, um den Menschen Glück zu bringen, verbindet uns mit der Welt außerhalb von uns selbst und weckt den Geist, der in und um uns lebt.

ZWECK: Indem wir positive und liebende Energie in die Welt hinausschicken, fühlen wir uns besser. Indem wir unsere Herzen dem Moment öffnen und Raum für Mitgefühl und Wohlwollen schaffen, kommen wir aus unseren beschränkten Lebenswelten heraus und erweitern unsere Verbindungen zu etwas Größerem.

Tiefer Friede

Sie saß vor mir auf einem Stuhl und betupfte sich die Augen mit einem Taschentuch. Ich spürte die Trauer, die auf ihr lastete, und sah die Spuren der verlaufenen Wimperntusche in ihrem Gesicht. Sie starrte aus dem Fenster meines Büros und sagte seufzend: »In meinem Leben fehlt etwas. Alles geht so rasend schnell, dass ich gar keine Gelegenheit habe, es zu erkennen und wahrzunehmen.«

Gloria hatte gerade ihren Erstgeborenen, ihren geliebten Sohn, ins College geschickt. »Als ich ihn zum Abschied umarmte«, fuhr sie fort, »kam mir der Moment in den Sinn, als ich ihn zum ersten Mal allein im Kindergarten gelassen habe. Wo sind die letzten 13 Jahre nur geblieben?«

Gloria hätte dazu das berühmte Lied aus »Anatevka« singen können, »Jahre kommen, Jahre gehen«. Und da meine eigene Tochter ein Jahr zuvor ebenfalls aufs College gegangen war, hätte ich in den Refrain mit einstimmen können: »wie die Tage fliehen, Blumen, die heut noch für mich leuchten, morgen schon müssen sie verblühen«.

Gloria sprach schnell weiter: »Ich fühle mich, als wäre ich all die Jahre in einem riesigen rollenden Schneeball gewesen. Mein Mann und ich arbeiten, wir ziehen die Kinder groß, es gibt immer etwas zu erledigen – der Schneeball wird größer und größer. Habe ich jemals innegehalten, um mein Leben wirklich wahrzunehmen?« Sie hielt die Tränen zurück. »Ich fühle mich, als hätte ich einfach nur überlebt, immer unterwegs, und ich weiß, dass es einen besseren Weg geben muss. Meine Tochter ist schon zehn, und ich will nicht auch noch den Rest ihrer Kindheit verpassen. Das Leben ist so kurz, das musste ich ja gerade mit meiner Mutter erleben!«

Sechs Monate zuvor war ihre Mutter gestorben, und deshalb war sie ursprünglich zu mir gekommen. Ihre Mutter war lange Zeit schwer krank gewesen, und Gloria hatte sie dabei begleitet, hatte eng mit dem Hospiz zusammengearbeitet und aktiv an ihrem Sterbeprozess teilgenommen. Dieser schwere Verlust und der Wechsel ihres Sohnes aufs College brachten Gloria dazu, neu über ihr Leben nachzudenken.

Manchmal brauchen wir ein Schockerlebnis, um etwas zu ändern: einen Todesfall in der Familie oder im Freundeskreis, Scheidung, Verlust des Arbeitsplatzes, eine schwere Krankheit oder das leere Nest. Diese existenziellen Erfahrungen können ein Weckruf sein, aus dem ganz neue Perspektiven erwachsen können.

Ich denke an den alten Ebenezer Scrooge, den grantigen Geizhals aus »Eine Weihnachtsgeschichte«, der plötzlich und unerwartet eine Vision vom Ende seines einsamen Lebens hat. Als Reaktion bittet er um eine zweite Chance und beschließt, sich zu ändern. In der Schlussszene öffnen sich Scrooges Augen, und sein Herz weitet sich für die Kostbarkeit jedes Augenblicks. Ich glaube, dass der Erfolg dieser Weihnachtsgeschichte, die von Generation zu Generation weitergegeben wird, darin liegt, dass wir alle unbewusst Sehnsucht nach einer solchen Veränderung haben, aber wissen, dass wir dazu einen Anstoß brauchen, um das Leben wertzuschätzen, mit ganzer Kraft und voller Optimismus. Aber warum sollten wir wie Ebenezer Scrooge auf die drei Geister in der Nacht warten, die uns die Augen öffnen? Warum auf einen schrecklichen Verlust warten, um zu handeln? Warum beginnen wir nicht gleich hier und heute mit dem neuen Leben?

Gloria konnte die verlorene Zeit nicht zurückholen, aber sie konnte anfangen, bewusster, achtsamer und friedlicher in der Gegenwart zu leben. Sie wusste, dass eine fundamentale Änderung ihres Lebens wenig realistisch war, aber sie war offen für Soforthilfen, für Denkanstöße und Übungen, die sie in ihren Alltag integrieren konnte.

Die erste Übung, die ich ihr beibrachte, war »Pause!«. Dazu war die Zeit im Bad geeignet. Sie musste lernen, richtig zu atmen, den Alltag einen kurzen Moment zu vergessen und im Hier und Jetzt präsent zu sein.

Nach und nach integrierte sie weitere Übungen in ihr Leben: »Momentaufnahme«, während sie morgens ihren Kaffee trank, »Unter weitem Himmel« bei der Fahrt zur Arbeit, »Spiel es noch einmal«, während sie abends den Haushalt erledigte, und »Ruhe in Frieden« vor dem Einschlafen.

Außerdem begann sie jeweils morgens und abends mit einer dreiminütigen Einkehrübung (»1-2-3 – verbunden«), was sehr beruhigend auf sie wirkte. Es gelang ihr sogar, ihren Ehemann zu überzeugen, vor dem Schlafengehen gemeinsam zu üben.

Mit der Zeit verwandelte sich Glorias Abwehrhaltung ganz allmählich in Akzeptanz. Ihre hektische Betriebsamkeit machte bewusstem Wahrnehmen Platz. Und schließlich reifte in ihr die Erkenntnis, dass sie ihre Lebensumstände gar nicht ändern musste, denn im Grunde liebte sie ihre Arbeit, ihr Zuhause und ihre Familie. Sie musste nur ihre Einstellung dazu ändern, ihre negativen Gedanken in positive verwandeln, sich regelmäßige Pausen gönnen und dankbar für ihr Leben sein.

Außerdem wurde ihr klar, dass sich als Folge dieser Übungspraxis neue Perspektiven eröffneten, die zu einer grundlegend veränderten Geisteshaltung führten. In anderen Worten: Sie erfuhr inneren Frieden, und das nicht nur punktuell, sondern nachhaltig. Der Frieden wurde zu einem festen Bestandteil ihres Alltags, bei Tag und bei Nacht. Sie spürte, dass sie gelassener, weniger ferngesteuert und offener für die Reichtümer des Lebens geworden war.

Frieden ausstrahlen

Ich habe auch bei mir selbst festgestellt, dass ein Lebensrhythmus, in den regelmäßige Bewusstseinsübungen integriert sind, das Wohlbefinden steigert. Die damit einhergehenden kurzen Pausen ermöglichen mir, innezuhalten, neue Energie zu schöpfen und das Wunder meines Lebens aus dem Blickwinkel der Dankbarkeit zu sehen.

So wie kurze Momente der Ruhe in uns zu nachhaltiger Stille wachsen, verbreitet sich diese Stille über uns hinaus nach außen. Wir inspirieren andere, freundlicher miteinander umzugehen, und diese anderen tragen den Geist des Friedens immer weiter. Wenn wir uns darauf konzentrieren, aus dem Schleudergang der alltäglichen Routine und hektischen Aktivitäten auszubrechen, wer weiß, wohin uns das noch führt?

Ich heiße Sie auf dem Weg zum inneren Frieden willkommen und lade Sie ein, Tag für Tag die Nischen für Achtsamkeit, Veränderung und Erneuerung zu entdecken. Jetzt ist die Zeit reif, die Turbulenzen der Vergangenheit hinter uns zu lassen, dankbar zu sein und das Leben zu genießen.

Die passende Übung zur rechten Zeit ist dabei eine große Hilfe. Und am Ende erleben wir den inneren Frieden.

Entdecke den inneren Frieden, der in dir wohnt.
Schenke dir ein Lächeln – bei Sonne und bei Regen.
Lass deine Gedanken so rein wie ein Bergbach sein.
Spüre deine Mitte und bleibe fest verankert in jedem Sturm.
Sei dankbar für die Geschenke des Lebens.
Lass dein Herz vor Liebe überfließen.
Lebe in tiefem Frieden und teile ihn mit anderen.

Anhang

Querverweise zu den »Impuls und Methode«-Übungen

Auf den folgenden Seiten werden die Übungen nach persönlichen Vorlieben (Sprache, Handlung, Vorstellung), nach Situationen (Achtsamkeit, Mitgefühl, Perspektive, Dankbarkeit, Stress, Ärger, Angst) und nach Impulsen geordnet aufgeführt.

Persönliche Vorlieben

Sprache

Wenn Ihr Fokus auf Sprache und Denken liegt, sollten Sie mit diesen Übungen beginnen:

Wenn Ihnen Übungen liegen, die auf konkreten Handlungen beruhen, kommen diese für Sie in Frage:

Vorstellung

Wenn Ihnen Übungen liegen, die auf Vorstellungen beruhen,
sind die folgenden am besten geeignet:

Situationen

Übungen, um achtsamer zu werden

Übungen, um größeres Mitgefühl zu entwickeln

Übungen, wenn Sie Angst oder Sorgen haben

Impulse

Zu Hause

Eine schlaflose Nacht:
Eine kleine Nachtmusik   115
Ein stressiger Abend mit den Kindern:
Stoffpuppe   88
Streit mit einem geliebten Menschen:
Du bist mein Sonnenschein   72
Wenn Sie sich von negativer Energie bedroht fühlen:
Richtig abbiegen   82
Wenn Sie sich gierig, blockiert, stur oder egoistisch fühlen:
Win-win   85
Wenn Ihnen jemand ein Kompliment macht oder wenn Sie
kritisiert werden:
Die Balance finden   91
Sie fühlen sich einsam, verwirrt oder sind neben der Spur:
Einschalten   216
Sie ertappen sich dabei, negative Wörter
und Sätze zu formulieren:
Kommando zurück!   154
Immer dann, wenn Sie denken *Ich habe nicht genug Geld:*
Vom Tellerwäscher zum Millionär   185

Bei der Arbeit

Wenn Sie etwas trinken wie z. B. den Morgenkaffee:
Momentaufnahme   51
Im Bad oder wo auch immer Sie einen
Moment Zeit für sich haben:
Pause!   58
Beim Händewaschen:
Mit dem Strom schwimmen   55

Wenn Sie sich gierig, blockiert, stur oder egoistisch fühlen:
Win-win   85
Wenn Ihnen jemand ein Kompliment
macht oder wenn Sie kritisiert werden:
Die Balance finden   91
Sie fühlen sich einsam, verwirrt oder sind neben der Spur:
Einschalten   216
Sie ertappen sich dabei, negative Wörter
und Sätze zu formulieren:
Kommando zurück!   154
Immer dann, wenn Sie denken *Ich habe nicht genug Geld:*
Vom Tellerwäscher zum Millionär   185

Im Auto

Beim Stopp an der roten Ampel:
Anhalten, nachdenken, Glück wünschen   53
Vor dem Einsteigen ins Auto oder in
ein öffentliches Verkehrsmittel:
Unter weitem Himmel   60
Ein Krankenwagen, ein Feuerwehrauto oder die Polizei
kommen mit Sirene und Blaulicht an Ihnen vorbei:
Gott segne uns alle!   170
Wann immer Ihnen das Wetter auf den Geist geht:
Schönwetterfreund   206
Wenn Sie den Schlüssel ins Schloss stecken:
In die Tiefe atmen   121
Sie fühlen sich einsam, verwirrt oder sind neben der Spur:
Einschalten   216

Andere mögliche Impulse

Sie schalten den Fernseher ein oder aus

Sie telefonieren

Sie müssen morgens Medikamente oder Vitamine zu sich nehmen

Sie füttern Ihre Haustiere

Sie laden das Handy auf

Sie gehen einkaufen

Sie sind in einem Einkaufszentrum

Sie verpacken Geschenke

Sie trinken einen Cocktail

Sie schalten den Computer an oder aus

Sie schalten den Drucker an oder aus

Sie ziehen sich an

Sie ziehen sich aus

Sie machen die Betten

Sie schminken sich ab

Sie decken abends die im Bett liegenden Kinder zu

Sie rasieren sich

Sie gehen die Treppen hinauf oder hinunter

Sie sind im Aufzug oder auf der Rolltreppe

»1-2-3 – verbunden« –
Der schnelle Weg zur inneren Einkehr

Diese kurze Übung ist kinderleicht. Sie funktioniert in drei Schritten:

1 – **Achtsam sein:** Werden Sie sich intensiv Ihrer Umgebung bewusst und achten Sie auf die Sinneseindrücke, die Sie wahrnehmen (Geräusche, Gerüche, Oberflächen).

2 – **Atmen:** Atmen Sie natürlich ein und aus und richten Sie damit Ihren Geist aus. Sie werden ruhig.

3 – **Zentrieren:** Fokussieren Sie sich auf das Innere Ihres Körpers, spüren Sie die Energie in der Körpermitte und sprechen oder singen Sie ein Mantra, um sich zu erden.

Legen oder setzen Sie sich bequem hin, schließen Sie die Augen und widmen Sie der Achtsamkeit, dem Atem und dem Zentrieren jeweils eine Minute.

Und im Detail:

1 – Nehmen Sie sich eine Minute Zeit, um achtsam zu werden. Nehmen Sie Ihre Umgebung wahr, die Sie umgebenden Geräusche und Gerüche, die Temperatur der Luft auf Ihrer Haut. Wie fühlt sich der Stuhl oder das Bett an, auf dem Sie sitzen oder liegen? Wie fühlt sich Ihr Körper an? Sind Sie angespannt, und wenn ja, wo? Werten Sie nicht, sondern beobachten Sie neugierig und neutral. Wenn Ihre Gedanken abschweifen, dann lassen Sie sie weiterziehen und kehren Sie wieder zur Beobachtung Ihrer Umgebung zurück. Auf diese Weise verankern Sie sich im Hier und Jetzt.

2 – Nehmen Sie sich nun eine Minute Zeit für Ihren Atem. Spüren Sie ihn, hören und beobachten Sie ihn. Achten Sie auf die Pause zwischen dem Ein- und dem Ausatmen, auf den Raum, der im Übergang entsteht. Denken Sie »Einatmen« ... »Raum« ...

»Ausatmen« ... Raum ... und so weiter. Auch hier gilt: Wenn Ihre Gedanken abschweifen (was sicherlich passieren wird), kehren Sie mit der Aufmerksamkeit einfach wieder zum Atem zurück. Sie können sich die Gedanken auch als Wolken vorstellen, die über den Himmel ziehen. Verfolgen Sie, wie der Atem den Geist nach innen zieht und Sie zu Ihrer Mitte bringt.

3 – Nehmen Sie sich jetzt eine Minute Zeit für Ihre Mitte. Stellen Sie sich eine Lichtsäule vor, die vertikal durch Ihren ganzen Körper verläuft, durch die Wirbelsäule bis in die Mitte, vom Scheitel bis hinunter in die Füße. Das Licht kann in Form und Farbe variieren. Verbinden Sie sich mit Ihrer Mitte oder mit der Licht- und Energiesäule.

Wenn Sie dabei ein Mantra wiederholen, ist das eine gute Unterstützung, um sich zu zentrieren. Das Mantra kann variieren, förderliche Begriffe sind »Frieden«, »Liebe«, »Om«, »Geist«, »Akzeptanz«, »Wahrheit«, »Vertrauen«, »Licht«, »Fluss« und jedes andere Wort, das für Sie eine Bedeutung hat. Wiederholen Sie die Wörter im Geist immer wieder oder stellen Sie sich vor, dass sie in Ihrer Mitte geschrieben stehen.

Um die Übung zu verlassen, gehen Sie den umgekehrten Weg: Wenn Sie zentriert sind, konzentrieren Sie sich auf den Atem und kommen Sie dann zurück zu einer achtsamen Betrachtung Ihres Körpers und Ihrer Umgebung. Wackeln Sie mit den Fingern und den Zehen, und wenn Sie so weit sind, öffnen Sie die Augen. Sie fühlen sich belebt und haben neue Energie!

Übung: Verbinden Sie sich mit dem inneren Frieden!

Diese kurze Meditation hilft Ihnen, Stress abzubauen und sich mit Ihrem inneren Frieden zu verbinden. Sie besteht aus drei Teilen:

Erste Minute: Weißes Licht einatmen (als Symbol für den Frieden) und grauen Rauch ausatmen (als Symbol für den Stress). Atmen Sie langsam und tief in den Bauch. Atmen Sie durch die Nase ein und blasen Sie die Luft durch die geschürzten Lippen wieder aus, als würden Sie in einen Strohhalm pusten.

Zweite Minute: Wiederholen Sie das Wort »Frieden«. Stellen Sie sich vor, es stünde vor Ihnen auf einer Tafel. Experimentieren Sie mit verschiedenen Schriftfarben und -formen.

Dritte Minute: Stellen Sie sich Ihren Ort des Friedens vor. Das ist der Ort, an dem Sie sich hundertprozentig sicher und glücklich fühlen. Malen Sie sich jedes Detail aus, bis Sie tatsächlich den Eindruck haben, dort zu sein. Denken Sie an Gerüche, Geräusche, visuelle und haptische Eindrücke. Verweilen Sie dort.

Um die Meditation zu verlassen, drehen Sie den Prozess um. Wiederholen Sie das Wort »Frieden« und beenden Sie, indem Sie weißes Licht einatmen. Sie fühlen sich belebt!

An die Leserin und den Leser

Ich freue mich über jedes Feedback. Besonders interessiert mich, wie die Übungen auf Sie wirken oder welche bei Ihnen am besten funktionieren. Sie dürfen sich gerne auf Facebook in der Gruppe »shortcutstoinnerpeace« registrieren, wo ich mit Menschen in Kontakt bin, um herauszufinden, wie wir mehr Frieden in unser Leben bringen können. Für weitere Übungen und hilfreiche Links besuchen Sie meine Webseite www.ashleydavisbush.com. Gerne dürfen Sie mir auch eine Mail an ashley@ashleydavisbush.com schreiben.

Mit besten Wünschen für Ihren Frieden,
Ashley

Danksagung

Dieses Buch in Händen zu halten macht mich so euphorisch, dass ich es kaum mit Worten beschreiben kann. So viele Menschen haben mich beim Schreiben unterstützt, und jeder einzelne hat auf seine Weise zum Gelingen des Buches beigetragen.

Mein Agent John Willing war von Anfang an Feuer und Flamme für das Projekt und mir stets eine Stütze und Orientierungshilfe, auch in stürmischen Zeiten. Die Zusammenarbeit mit ihm, von der ersten E-Mail bis zu unseren abschließenden Gesprächen, war ein reines Vergnügen. Sein Optimismus und seine einfühlsame Beratung haben mir die Arbeit sehr erleichtert. Es ist ein großes Glück, ihn an meiner Seite zu wissen.

Auch die erneute Zusammenarbeit mit Denise Silvestro, mit der ich bereits vor 15 Jahren das Buch »Transcending Loss« veröffentlicht habe, war ein Segen. Auch dieses Mal begleitete sie meine Arbeit mit der ihr eigenen Sorgfalt, mit Umsicht und stets wachem Auge. Ich werde ihr für ihre richtungweisende Unterstützung und den aufmunternden Zuspruch immer dankbar sein. Ihr verdanke ich, dass ich meine eigene Sprache gefunden habe.

Mein Dank gilt auch den anderen Mitarbeitern von Berkley Books, vor und hinter den Kulissen, von den Sekretärinnen bis zur Geschäftsführung, vom Lektor bis zum Coverdesigner. Alle haben gemeinsam dazu beigetragen, dass dieses Buch zustande gekommen ist.

Im Laufe der Jahre haben mich viele Menschen durch ihre Veröffentlichungen, Workshops und Webauftritte geprägt, inspiriert und zu meinem persönlichen »Ideenkompost« beigetragen. Viele von ihnen wissen gar nicht, wie groß ihr Einfluss auf mich war und heute noch ist, aber auch ihnen gilt meine Dankbarkeit. Besonders danke ich meinen Klienten, die ich auf ihrem Weg begleiten durfte und die sich mir angstfrei und ohne Scheu in ihrem Wunsch nach innerem Wachstum anvertraut haben. Mein Beruf ist nicht nur Arbeit, sondern auch Berufung, ja sogar ein Privileg.

In meinen Dank schließe ich auch zwei Organisationen ein, die mich von Anfang an bei meiner Idee zu »Gelassenheit to go« unterstützt und mir ein Forum gegeben haben, in dem ich meine Übungen erproben und entwickeln konnte: »Women Supporting Women« in Exeter, New Hampshire, und »Exeter Health Resources«.

Meinen ersten Manuskriptlesern danke ich für ihre einfühlsamen Feedbacks: Elliott Baker, Judith Bush, Glenn Corey, Peyton Lewis, Nagabodi, Saddhamala, Nancy Shappell und Nancy Webb.

Das Aryaloka Buddhist Center war und ist für mich ein Ort der Erleuchtung und des Friedens. Dort habe ich nicht nur viele Antworten auf meine Fragen bekommen, sondern auch Ruhe und Gelassenheit gefunden. Von hier habe ich meine Reise zum inneren Frieden angetreten. Gleiches gilt für Star Island und Emery House, auch hier hatte ich über Jahre ein spirituelles Zuhause, den idealen Ort, um mein wahres Ich zu finden.

Martha Nossiff hat als treue Begleiterin auf dem Weg zum inneren Frieden immer einen Platz in meinem Herzen. In den vergangenen 14 Jahren ist sie mit mir durch alle Höhen und Tiefen meines Lebens gegangen, und ihre hingebungsvolle Zuwendung und tiefe Freundschaft kennen keine Grenzen. Wir sind Seelenverwandte.

Meinen Eltern Peyton Lewis und William Davis danke ich dafür, mir das Leben geschenkt zu haben.

Meinen Kindern und Stiefkindern Elizabeth, Channing, Victoria, Setse und Inle möchte ich meine tiefempfundene Dankbarkeit für ihre Liebe und ihre wertvolle Präsenz in meinem Leben ausdrücken. Sie waren und sind mir wunderbare Lehrer auf meinem Weg zum inneren Frieden.

Für die Dankbarkeit gegenüber meinem Mann Daniel finde ich keine Worte. Ohne ihn würde es dieses Buch nicht geben. Er war nicht nur der erste Leser, mein geduldiger Lektor und kompetenter Berater, er war auch mein Lehrer, Schüler und Weggefährte. Seine alles verändernde Liebe hat mir die Augen für eine neue Ebene des Lebens geöffnet.

Und schließlich danke ich in aller Bescheidenheit und Demut meiner Muse, dem Universellen Geist, der mich durchweht. Ich bin immer noch verblüfft und begeistert von der Musik, die in mir weiterklingt – ich bin dabei nur das Instrument. Möge diese Melodie für Sie genauso inspirierend sein wie für mich.

Timber Hawkeye

SIT HAPPENS

Buddhismus in allen Lebenslagen

Der Buddhismus für das 21. Jahrhundert – ein Leitfaden zum Glücklichsein

Trainieren Sie Ihren Geist! Diese Grundidee des Buddhismus verpackt Timber Hawkeye in neuer und leicht verständlicher Form. Mit kurzen und klaren Inspirationen, die in beliebiger Reihenfolge gelesen werden können, bereichert *Sit Happens* Ihren Alltag – ganz ohne dogmatische Lehren.

Verständlich, schnell und für jede Gelegenheit.

KNAUR✲
MENSSANA

Alan Watts

WEISHEIT DES UNGESICHERTEN LEBENS

Der heutige Mensch will das Leben immer stärker planen und kontrollierbar machen. Er treibt einen unglaublichen technischen Aufwand, nur um sich sicherer zu fühlen. Doch dahinter steckt ein ängstliches Ich, das sich von der Welt bedroht fühlt. Alan Watts deckt all die fälschlichen Annahmen darüber auf, was man für die Realität hält. Er zeigt den Weg in eine tiefere Dimension des Bewusstseins, wo man dem Leben vollkommen offen und furchtlos zu begegnen lernt.

KNAUR ✳
MENSSANA

Ulrike Scheuermann

WENN MORGEN MEIN LETZTER TAG WÄR

So finden Sie heraus, was im Leben wirklich zählt

Was für ein Glück, dass wir nicht unsterblich sind ...
... denn das würde uns erst recht dazu verleiten, viel zu viele Stunden, Tage, Jahre zu vergeuden. Über den Tod nachzudenken, hilft uns beim Leben. Denn erst die Begrenztheit macht das Leben wertvoll. Wir tun nicht mehr alles – sondern das, was für uns tatsächlich zählt. Und das ist der Schlüssel zu einem wirklich erfüllten Leben.
Die erfahrene Psychologin Ulrike Scheuermann inspiriert mit sieben existenziellen Perspektivenwechseln zu einem Weg, der in die Tiefe und direkt zum Wesentlichen führt.

KNAUR
MENSSANA